Heidi Kastner • Wut

Heidi Kastner

Wut

Plädoyer für ein verpöntes Gefühl

K&S

www.kremayr-scheriau.at

ISBN 978-3-218-00929-4

2. Auflage 2024

Schutzumschlaggestaltung: Sophie Gudenus
unter Verwendung eines Ausschnitts aus einem Gemälde von Andreas Stasta
Lektorat: Paul Maercker
Satz und typografische Gestaltung: Sophie Gudenus
Druck und Bindung: Florjančič tisk d.o.o., Maribor

Inhalt

Für Gerlinde
Danke für unsere wut-freie Freundschaft

Wut?

Was ist Wut?

Wut ist, gelinde gesagt, unangenehm, und zwar sowohl für den, der sie empfindet als auch für den, den sie trifft. Wir kennen die blinde Wut, die kalte Wut, die ohnmächtige Wut, wir sind außer uns vor Wut, könnten heulen vor Wut, sehen rot vor Wut. Wir belächeln aus sicherer Distanz den Mann, der wutschnaubend blindwütig herumläuft, hüten uns aber tunlichst, ihm in die Quere zu kommen.

Wir schreiben der Wut ungezählte Adjektive zu, assoziieren damit die Farbe „Rot", aber wir denken sie, im Unterschied zum eher männlich belegten Begriff Aggression, zumeist nicht einem bestimmten Geschlecht zugeordnet: Die Gleichberechtigung, vielerorts fragliche Realität, hier ist sie verwirklicht. Hier steht der Wüterich einträchtig neben der unvergleichlichen Wut der geschmähten Frau, die in der Hölle nicht ihresgleichen findet.

Dafür gibt es zumindest einen denkbaren Grund: Wut ist eine von mehreren menschlichen Basisemotionen, ist also Teil der *conditio humana* und Teil unseres ureigenen Verhaltensrepertoires. Trotzdem rechnen wir es uns als zivilisatorische Leistung an, die Wut nicht auszudrücken, zu zeigen oder gar auszuleben: Wut ist geächtet, wer wütet, hinterlässt vielleicht einen Schaden, aber mit Sicherheit einen schlechten Eindruck. Die fehlende gesellschaftliche Akzeptanz schlägt sich unter anderem auch in einer umfangreichen Ratgeberliteratur nieder: 99,9% aller verfügbaren Buchtitel zum Thema Wut befassen sich mit deren Nicht-Ausleben. Beschrieben werden Strategien, mit „negativen Emotionen" gelassen umzugehen oder sich nur über Veränderbares zu ärgern, offenbar in der Annahme, der Wut ginge eine bedachte Entscheidung voraus. Die Wut wird interpretiert als Indiz fehlender Selbstakzeptanz: Nur wer sowieso über einen eher schwachen Selbstwert verfügt, ist so leicht angreifbar, dass er wütend werden kann. Empfohlen wird, sich die eigene Unvollkommenheit einzugestehen, auf dass man die der anderen (die uns wütend macht) besser ertrage, sich zu vergegenwärtigen, dass Wut die Welt nicht verändert, den Auslöser nicht ernst zu nehmen (ein eher fragwürdiger Rat: den anderen nicht ernst zu nehmen ist wohl ein besonderer Ausdruck von Geringschätzung, der zurecht minder freundliche Reaktionen hervorrufen dürfte), statt eines Wutanfalls Sport zu treiben (wohl ebenfalls nicht immer praktikabel) oder die Wut auf einen Zettel zu bannen und diesen dann zu vernichten. Alle durchaus wohlmeinenden Empfehlungen vermitteln mehr oder weniger subtil die Botschaft, dass die Welt ohne Wut ein wesentlich besserer Ort wäre und dass es von einem reifen, anständigen Menschen erwartet werden könne, sich von Wut zu befreien: das, was buddhistische Mönche nach langen, von Meditationsübungen erfüllten Jahren zustande bringen, wäre, entsprechenden

Willen vorausgesetzt, schon nach der Lektüre eines kleinen Büchleins möglich. Schande über den, der es nicht schafft: offenbar fehlt ihm die erforderliche Reife.

Wut im Altertum

Eine der ältesten schriftlichen Auseinandersetzungen mit dem Thema der Wut stammt von Seneca, einem brillanten Stilisten und Rhetoriker des ersten Jahrhunderts, der es als Erzieher und später als Redenschreiber von Kaiser Nero zu hohem Ansehen, großem Wohlstand und umfangreichem Einfluss brachte, sein Leben aber schließlich doch glücklos beschloss: Er wurde von Nero der Teilnahme an einer Verschwörung bezichtigt und zum Selbstmord gezwungen, den er zur emotionslos-rationalen, freien Entscheidung umdeutete: „Wenn die eine Todesart mit Folterqualen verbunden ist, die andere einfach und leicht, warum sollte ich mich nicht an die letztere halten?" Schon zuvor war sein Leben oftmals in Gefahr gewesen: Nachdem er Erstickungsanfälle, Neid, Missgunst und Ränke mehrerer Kaiser und Höflinge überlebt, dem nicht sonderlich sanftmütigen und besonnenen Nero mit seiner Schrift über die Milde („De clementia") gehuldigt und die von Nero ermordete Agrippina, natürlich nach ihrem Ableben, in einer anderen Schrift verspottet hatte, beteiligte er sich noch an der Vertuschung dieser Ermordung von Neros Mutter, bis er sich unter dem Eindruck zunehmend ungünstiger klimatischer Bedingungen vom Hof zurückzog und der Frage nach dem ethisch und moralisch richtigen Sozialverhalten widmete. Fernab realer Macht war es offenbar einfacher, über das Rechte zu philosophieren. In seinen Ausführungen orientierte sich Seneca an den griechischen Philosophen der Stoa, die sich so wie Aristoteles, Epikur, Plutarch und praktisch jeder relevante Erforscher menschlicher Befindlichkeiten und Bedingtheiten mit der Wut befasst hatten. Unterschieden wurde von den Stoikern zwischen einer (relativ objektiven) Erkenntnis, die einen Sachverhalt als gut oder übel bewertet, und einer Haltung, die dieser Erkenntnis folgt, also dem subjektiven Drang, zu reagieren, und gegebenenfalls der Handlung, die als beurteilende Zustimmung zum Drang gedeutet wird und auf dem „Wollen" beruht. Gelebte Wut wäre demnach eine überdachte Zustimmung zum Drang. Ein primär unkontrollierbarer, den Betroffenen überschwemmender Affekt wurde sowohl von den Stoikern als auch von Seneca verneint. Nur die Vernunft könne sich für einen unkontrollierbaren Geisteszustand entscheiden, könne ihn daher jedenfalls auch verhindern, was sie tunlichst erledigen sollte: Eine vernunftmäßige Entscheidung für die Wut wurde von Seneca kategorisch abgelehnt. In seiner fast erstaunlich neuzeitig anmutenden Position identifizierte Seneca die Wut als etwas Krankes, Schädliches, Ungesundes und Auszumerzendes und sparte in seiner Schrift „De ira" nicht mit Beispielen für die Abscheulichkeit dieser Emotion: „Die übrigen Affekte haben ja noch etwas Ruhiges und Friedliches an sich. Dieser hier ist ganz Erregung und Drang, rasend vor unbändigem Verlangen nach Schmerzen, Waffen, Blut, dem Scharfrichter, einem Verlangen, das keineswegs menschlich ist… daher haben weise Männer die Wut als kurze Geisteskrankheit bezeichnet." In dem Teil seiner Schrift, den er der Behandlung von Wut und Zorn widmete, beschrieb er sein eigenes Vorgehen, um sich diese unerwünschten Emotionen vom Leib zu halten. Bei der allabendlichen Reflexion des Tages gehe er die Ereignisse durch und ziehe Lehren daraus: „Bei der Diskussion hast du dich zu sehr ereifert. Lass dich von nun an nicht mehr mit denen ein, die keine Ahnung haben… Bei dieser Ermahnung hast du dir zu viele Freiheiten herausgenommen. Achte in Zukunft nicht nur darauf, ob das, was du sagst, wahr ist, sondern auch darauf, ob derjenige, dem du es sagst, die Wahrheit ertragen kann. Ein guter Mensch freut sich über Ermahnung, die Schlechtesten reagieren besonders abweisend auf jemanden, der sie anleiten will. Bei einer Feier haben dich spöttische Bemerkungen, die dir wehtun sollten, getroffen. Denk daran, dass der enge Kontakt mit primitiven Menschen zu meiden ist."

Wut bei den Philosophen

Was uns hier über die Jahrtausende anweht, ist eine profunde Grandiosität, die alles abwertet, was Wut auslösen könnte, möglicherweise ein probates Mittel, um sich nicht in Rage zu versteigen, sicher aber keines, um andere als gleichwertige Kommunikationspartner zu betrachten, und möglicherweise eine gute Methode, anderen zu einer gehörigen eigenen Wut-Erfahrung zu verhelfen. Thomas Babington Macaulay (1800–1859), britischer Historiker und Politiker, erklärter Gegner der Sklaverei und offenbar kein Anhänger von Seneca („to read him straightforward is like dining on nothing but anchovy sauce" – Seneca sei wie ein Abendessen, das ausschließlich aus Sardellensauce besteht), formulierte seine Kritik an diesen lebens- und erfahrungsfremden Empfehlungen pointiert, indem er Senecas Verdienste in Sachen Wut mit denen des ersten Schuhmachers verglich und dabei eindeutig dem Schuhmacher den Vorzug gab: „Es mag sein, dass es schlimmer ist, zornig zu sein als nasse Füße zu haben. Aber Schuhe haben schon Millionen von Menschen vor nassen Füßen bewahrt, während wir unsere Zweifel haben, ob Seneca jemals einen Menschen davor bewahren konnte, zornig zu sein."

Aristoteles beschreibt den Zorn als jenes der elf Grundgefühle, in dem die Reaktion auf eine zu Unrecht erlittene Kränkung zum Ausdruck kommt. Zorn ist reaktiv, das heißt er entsteht nicht von allein, sondern als unsere höchstpersönliche Antwort auf eine Verletzung unserer höchstpersönlichen Überzeugungen. Dabei ist es zweitrangig, ob es sich um Überzeugungen uns selbst oder die Welt betreffend handelt, ausschlaggebend sind das Gefühl von Unrecht und das Bedürfnis nach Vergeltung. Aristoteles konnte dem Zorn, weil er auch tapfer machen könne, einiges abgewinnen (so wie Francis Bacon, der dem Zorn die Fähigkeit zuschrieb, langweilige Menschen geistreich zu machen, der ihn aber andererseits als Charakterschwäche beschrieb, was sich an der Gruppe der laut Bacon hauptsächlich von ihm Betroffenen deutlich zeige: Kinder, Weiber, Greise, Kranke). Andererseits war er ihm doch nicht so ganz geheuer: „Es lässt sich nämlich beobachten, dass der Zorn in gewissem Grad auf die Stimme sachlicher Reflexion hört, aber sie nicht richtig hört." Er verglich ihn mit zwar willigen, aber voreiligen Dienern: „Noch ehe sie alles gehört haben, was man ihnen sagt, laufen sie schon und bringen dann den Auftrag durcheinander; oder wie bei den Hunden: wenn draußen ein Geräusch ist, bellen sie und schauen gar nicht, ob es ein Bekannter ist. So stürmt der Zorn wegen der ihm eigentümlichen Hitzigkeit und Übereiltheit zur Vergeltung; dabei hat er zwar etwas gehört, aber das Gehörte mit dem tatsächlichen Auftrag verwechselt. Denn Reflexion und Einbildungskraft", schließt Aristoteles, „zeigen uns an, dass uns etwas Verletzendes oder Geringschätziges angetan ist – worauf der Zorn gleichsam zu dem Schluss kommt, dass so etwas bekämpft werden müsse, und sofort in Wallung gerät." Platon zählte den Zorn (und im Übrigen auch die Hoffnung) zu den schlechten Ratgebern.

Singe den Zorn, oh Göttin

Zorn begründet gewissermaßen die abendländische Kultur. Die Ilias, das älteste Meisterepos der europäischen Literatur, wächst aus dem Boden des Zorns (wobei hier Zorn und Wut nicht präzise getrennt werden können): „Singe den Zorn, oh Göttin, des Peleiaden Achilleus", so beginnt eine Erzählung, die das anschwellende, rasende Wüten zum Thema hat, das schließlich in einer umfassenden „humanitären Katastrophe" in sich zusammenbricht. Achill, das altgriechische Äquivalent des heutigen Lionel Messi, raubt Chryseis, die Tochter des Chryses, der, wie sich später herausstellen wird, unangenehmer Weise ein Apollopriester ist und daher über beste Kontakte zu höheren Instanzen verfügt. Bei der Aufteilung der Beute beansprucht dann aber Agamemnon die Chryseis mit der Autorität seines Heerführertums. Achill geht zwar nicht ganz leer aus (er bekommt die Trojanerin Briseis), aber als der Vater von Chryseis seine Tochter zurückerbitten will und, nach anfänglicher Ablehnung und Schmähung durch Agamemnon, seine Beziehungen spielen lässt (was etliche Griechen über eine von Apollo geschickte Seuche das Leben kostet), bleibt Agamemnon nichts anderes übrig, als klein beizugeben. Nun braucht er, nicht zuletzt um sein Gesicht nicht völlig zu verlieren, Ersatz und nimmt Achill die Briseis wieder weg, was diesen rasend macht; in kalter Wut beschließt er, nicht mehr an den Schlachten teilzunehmen, was wiederum fatale Folgen für die griechischen Kriegsresultate zeitigt. Erst als sein Freund Patroklos vom designierten Thronerben Trojas, Hektor, erschlagen wird (und Agamemnon ihm wohl aus Staatsräson die Briseis zurückgibt) nutzt er seine Wut etwas produktiver (für die Sache der Griechen) und macht Hektor den Garaus. In seiner Rage schleift er die Leiche tagelang übers Schlachtfeld, bis der alte Vater des Hektor ihn um die Reste seines Sohnes bittet. Erst jetzt fällt die Wut in sich zusammen. Zorn, Wut überall, als unabdingbarer Motor des Geschehens, als Hauptmovens der Akteure, bis zu einem breit angelegten, schrecklichen Ende. „Life is a tale full of sound and fury, (…) signifying nothing“: Shakespeares Macbeth hatte zwar sicher nicht die Ilias im Sinn, als er seine existenzielle Verzweiflung kundtat, passend wäre sie aber auch hier allemal.

Todsünde Zorn: Wut im Christentum

In der christlichen Theologie zählt der Zorn zu den sieben Todsünden, ist also eine besonders schwerwiegende Sünde, durch die „ein Mensch bewusst und frei Gott und sein Gesetz sowie den Bund der Liebe, den dieser ihm anbietet, zurückweist, indem er es vorzieht, sich selbst zuzuwenden oder irgendeiner geschaffenen und endlichen Wirklichkeit, irgendeiner Sache, die im Widerspruch zum göttlichen Willen steht." („Reconciliatio et Penitentia", Apostolisches Schreiben, Johannes Paul II, 1984). Das solcherart einzementierte Zorn-Verbot ist wohl auch die Basis mancher „typisch katholischen Konfliktlösung", wie Jörg Franz Müller die Konfliktarrangements nennt, die „vorzugsweise im christlich sozialisierten Milieu inszeniert" werden (Lebende Seelsorge 2/2002). Dazu zählt er neben der ideologisierten Selbstlosigkeit (die er als falsche Bedürfnislosigkeit entlarvt), der probaten Lustfeindlichkeit (wenn ich ein Gefühl bekomme, habe ich schon verloren), der übermäßigen Normabhängigkeit (in bewundernd gefügiger Achtung unterwirft man sich allzu gern der heiligen Ordnung und erkauft sich Sicherheit auf Kosten einer größeren Autonomie) und der allmächtigen Willensspiritualität (wenn man nur wirklich will, kann man alles, wenn man bloß in der rechten Weise kämpft, erreicht man das reine Ziel) auch das verinnerlichte Aggressionsverbot: „Ein Netz von aggressionshemmenden Fluchtmechanismen entsorgt einem voreilig die Wut, ohne dass sie einen bewussten Ausdruck findet". Als Ergebnis macht er vielerorts eine subtile Streitlust aus, gepaart mit einem konfliktscheuen Harmonisierungsbemühen, was er als „Leifheit-Methode" (alles unter den Teppich kehren – aber dann über den verdeckten Haufen stolpern) abqualifiziert. Zorn ist in dieser Sicht der Dinge ein göttliches Prärogativ, der „Zorn Gottes" ein zwar geläufiger, aber dennoch schwer fassbarer und schwer erklärbarer Begriff: Gott, der es ja nicht nötig hätte, der vor allem nie die Kontrolle über sich verliert und in göttlicher Gelassenheit verharrt, verliert sich im Zorn und handelt gewaltsam. Lactantius, einer der Kirchenväter, legitimierte den zornigen Gott mit der Notwendigkeit der Machtdemonstration: „Nimm dem König seinen Zorn, dann wird ihm nicht nur keiner mehr gehorchen, sondern man wird ihn sogar von seiner Höhe stürzen". Theologen erklären uns diesen Zorn als Metapher für göttliche Gerechtigkeit, mit der zuallerletzt am „dies irae", am Tag des Zorns, der zugleich der Jüngste Tag ist, Übeltäter (gelassen und erhaben) bestraft werden. Dabei kann zumindest der alttestamentarische Gott durchaus nachsichtig sein mit dem Zornigen: Im *Exodus* (Ex 2: 11-12) geht Moses hinaus zu seinen Brüdern, sieht ihren Frondienst und nimmt wahr, dass ein Ägypter einen seiner hebräischen Brüder schlägt. Daraufhin schaut er sich nach allen Seiten um und als er sieht, dass keiner da ist, erschlägt er den Ägypter und verscharrt ihn im Sand. Wenn auch im Dienst der Großen Sache (Gerechtigkeit), so scheint die Reaktion doch etwas heftig und würde Moses aus heutiger Sicht nicht unbedingt für eine Führungsposition prädestinieren; Gott sieht das offenbar anders und beruft Moses als denjenigen, der das auserwählte Volk anleiten und in die Freiheit führen, der sogar die in Stein gemeißelten Regeln des Zusammenlebens in Empfang nehmen darf. Qualifiziert hat Moses sich dafür zwar nicht mit moralischer Skrupelhaftigkeit und bedächtigem Abwägen, aber mit Entschlossenheit und Handlungsfähigkeit.

Wut und Zorn

Senecas Schrift, betitelt „De ira", wurde sowohl mit „Über den Zorn" als auch mit „Über die Wut" übersetzt, was die Frage nach der Unterscheidung der beiden Begriffe aufwirft.

Zorn zielt jedenfalls auf etwas Großes, ein großes Unrecht, eine unerträgliche Zumutung, und er hat ein gutes Gewissen, weiß er sich doch im Recht. Seine ehrenvolle Aufgabe, dieses Recht gegen offenkundiges Unrecht zu verteidigen, macht ihn groß und „gerecht“ und verbindet ihn mit der Moral, was die Sache nicht einfacher macht: Moral ist immer wieder definitorischen Veränderungen unterworfen und bisweilen arg subjektiv, was die Gerechtigkeit seines Agierens leicht in Selbstgerechtigkeit umschlagen lassen kann. Wolfgang Sofsky, deutscher Soziologe und Autor, streut dem Zorn Rosen: „Die Zeit des Zorns beginnt mit einer Verärgerung, die sich nach und nach zu einer grundlegenden Missstimmung ausweitet. Die Kraft der Gedanken wird zum Werkzeug des Zorns. Er behält sein Ziel im Auge, verfolgt es bis zum bitteren Ende. Im Gegensatz zur Wut, die sich selbst erschöpft, hat der Zorn einen definitiven Schlusspunkt. Er ist erreicht, wenn der Bösewicht bestraft, der Feind für immer geschlagen ist. Zorn erstrebt kein friedliches Ende und keinen gütlichen Ausgleich.“

Wenn der Zorn die Große Sache meint (oder auch nur unsere jeweils kleine, die wir stellvertretend nehmen für die große), so ist die Wut eine höchstpersönliche Angelegenheit, die sich nicht gegen die Verletzung eines höheren oder allgemeingültigen Prinzips richtet, ist also eine privatere, intimere Sache. Wut gilt gemeinhin als kurzlebiger und blinder, was uns schon der Begriff „Wutanfall“ verdeutlicht. Wer sie im vollen Umfang auslebt, kann sich nicht, so wie der Zornige, auf eine moralisch erhabene Position zurückziehen und seine Eskalation umdeuten zu einer rechtschaffenen, ja geradezu zwingend erforderlichen Aktion, mit der ja nur die gute Ordnung, die Gerechtigkeit, das rechte Maß wiederhergestellt werden sollte. Wut macht ihren Träger angreifbarer, er muss allein für seine Reaktion (gerade-)stehen und hat sich außerdem noch als ein Verletzlicher geoutet, dessen Nerv empfindlich getroffen wurde. So gesehen ist Wut aber auch die authentischere, unverblümtere und geradlinigere Emotion, sie ist vielleicht, so definiert es Jürgen Werner, ein deutscher Philosophieprofessor und Autor, der Zorn des Hilflosen, aber sie ist auch die Emotion desjenigen, der sich anderen unverhohlen offenbart und mitteilt und kein moralisches Rechtfertigungsmäntelchen benötigt, um seine Grenzen (und deren Überschreitung) klar anzuzeigen.

Über weite Strecken werden die Begriffe aber austauschbar verwendet und ist die Unterscheidung eher eine gefühlte als eine klar und eindeutig definierte. Auch der deutsche Wortstamm liefert hier keine hilfreichen Hinweise oder eher sogar solche, die die Wut näher zum Göttlichen rücken; während der Zorn aus derselben Wurzel stammt wie der Streit, hat die Wut denselben Ursprung wie der Göttername Wotan.

„Volkszorn" und „Wutbürger"

Wie nahe sich beide Begriffe stehen, ersieht man auch aus den Begriffen „Wutbürger" und „Volkszorn": diese, heutzutage scheinbar die einzigen akzeptablen Varianten der benannten Emotionen, bezeichnen ein in der Neuzeit seit der Französischen Revolution gefürchtetes Phänomen, nämlich das der nachhaltigen Radikalisierung der Volksmassen im Dienst der gerechten Sache. Zumindest beim Volkszorn ist die Angelegenheit aber eine zwiespältige: kontrollierter Volkszorn (schwer vorstellbar, denn „wehe, wenn sie losgelassen, wachsend ohne Widerstand"), ja bitte, entfesseltes Wüten des Pöbels, nein danke. Wenn die Massen erst einmal radikalisiert sind, sind sie schwer zu bremsen, eine Erkenntnis, derer sich manche totalitären Regime schon durchaus manipulativ bedient haben. Peter Sloterdijk verortet die „Zornkollektive der Beleidigten" sowohl in den nordafrikanischen Ländern (in der Erhebung gegen Unrechtsregime) als auch in der Occupy-Bewegung; die Unterschiede zwischen beiden Ausformungen sind dennoch unübersehbar, die Auswirkungen einer ernst zu nehmenden „Erzürnung", eines kollektiven In-Rage-Geratens nicht wirklich abschätzbar, der zivilisiert organisierte Protest ein gemäßigtes und enden wollendes Phänomen. In der echten Kombination von Volk und Zorn verliert der Zorn leicht die ihm – im Versuch einer definitorischen Abgrenzung gegen die Wut – oft zugesprochene ausgeprägtere Rationalität und wütet unkontrollierbar bis zum erschöpften Ende.

Direkt zahm scheint hingegen der „Wutbürger", ein Begriff, der die Wut fast ironisierend inkorporiert. Nietzsche bezeichnete die wie ein Schutzschild der Ehrbarkeit getragene Empörung abfällig als „schimpfende Weltbetrachtung" und somit als ineffizienten Pseudo-Aufwand, der die Welt nie verändert und außer mieser Stimmung nur einen schalen Beigeschmack hinterlässt. Durchtränkt von Moral und streng orientiert an den geltenden Benimmregeln, ist sie das Äquivalent des erhobenen Zeigefingers, der gerunzelten Stirn und des missbilligenden Kopfschüttelns, bleibt aber saft- und kraftlos und entbehrt daher jeglichen Potenzials. Stéphane Hessels Aufruf, zur Veränderung der Verhältnisse anzutreten, wurde im Deutschen als „Empört Euch!" vermarktet, im französischen Original „Indignez-vous!“ klingt die Indigniertheit noch deutlich durch und damit eine Haltung, die wohl noch nie große Umwälzungen bewirkt hat, außer vielleicht durch den Zorn und die Wut, die der distanziert Indignierte bei anderen auszulösen vermag. Abgesehen davon, dass der abgerufene Zorn, die verordnete Wut genau jener archaischen und unmittelbaren Kraft entbehren, die sie zum Motor von Veränderung machen kann, ist die Empörung viel enger verwandt mit der Betroffenheit als mit der Rage.

Diktatur der Betroffenheit

Manchmal scheint es, als hätte die gesammelte zivilisatorische Ächtung der Wut, abgesehen davon, dass die individuelle und punktuelle Wut sich davon nicht beeindrucken ließ, vor allem einen Vormarsch der Betroffenheit bewirkt und diese zur Grundemotion der zivilisierten Welt werden lassen. Was sind wir nicht alle betroffen, von den Gräueln der Nutztierhaltung, vom japanischen Walfang, von der Brutalität der Wirtschaftstreibenden, vom unerträglichen Umgang mit nordafrikanischen Emigranten, von der Ungleichbehandlung gleichgeschlechtlicher Paare, von der Konturlosigkeit der Politiker, von der Verlogenheit der Politik, von der Politikverdrossenheit der Jungen, vom vermeintlich viel zu laxen Umgang der Justiz mit denen, die es sich schon immer gerichtet haben und immer richten werden, vom vermeintlich zynischen Umgang der Justiz mit den Opfern, vom vermeintlich viel zu nachsichtigen Umgang der Justiz mit den Tätern, von der Erderwärmung, vom Plastikmüll in den Weltmeeren, vom drohenden

Aussterben der Eisbären: Betroffenheit allenthalben. Statt profunder, ausführlich recherchierter Analysen füllen Betroffenheitsbekundungen (und Empörungsaufrufe) auch solche Medien, die sich selbst als Qualitätsmedien bezeichnen, und werden begleitet von Betroffenheitspostings und Empörungsbekundungen. Durchmischt sind diese immer gleichen verschriftlichten Demonstrationen der eigenen rechtschaffenen Gesinnung allerdings gar nicht so selten mit (natürlich anonymen) Formulierungen, die in ihrer Brutalität erschrecken, in denen so etwas wie blanker Hass spürbar wird und eine über jedes nachvollziehbare Maß hinausschießende zerstörerische Untergriffigkeit, der man auf keinen Fall in Fleisch und Blut begegnen möchte. Mit hoher Wahrscheinlichkeit handelt es sich dabei um Menschen, die in ihrem nicht anonymen Alltag alle Regeln des Anstands tunlichst einhalten, die keineswegs durch ihnen zuordenbare Wutanfälle auffällig werden oder ihrem offenbar massiven inneren Unmut am passenden Ort, nämlich da, wo es sie wirklich betrifft, Luft machen. Der Anonymschreiber ist in der Regel ein Aggressionsgehemmter, der das offizielle Wut-Verbot adoptiert hat und der Rage nun aus dem Hinterhalt die Zügel schießen lässt. Von allem Klaren, Deutlichen, Direkten distanziert er sich, Zorn und Wut verortet er ausschließlich – mit Betroffenheit – bei anderen, und dort werden sie sofort als Aggression (v)erkannt und gehörig geschmäht.

Wut als Krankheit

Mit dem Begriff der Aggression ist ein Terminus technicus eingeführt worden, der unerwünschte, weil im sozialen Kontakt störende Gefühle auf etwas klinisch Krankes reduziert, auf einen Systemfehler in der menschlichen Mechanik, leider immer wieder auftretend, behandlungsbedürftig, aber zum Glück zumindest teilweise behandelbar. Pathologisierung in der Sprache schafft Distanz und vermeintliche Einordenbarkeit, das Benennen, Katalogisieren bzw. wissenschaftliche Erforschen hat die Dämonisierung früherer Jahrhunderte abgelöst, erfüllt aber eine nach wie vor idente Funktion: Nicht ich, nicht das mir Nahe und Gleiche wird hier angesprochen, es ist etwas Fremdes, Fernes, „Krankes". Nach wie vor und allen Anti-Stigma-Kampagnen zum Trotz ist psychische Erkrankung verfemt und wird nur von denen für sich reklamiert, die mit der Zuschreibung einer Erkrankung für sich gleichzeitig eine Schuldzuschreibung an andere erledigen. Die „Sehnsucht, (Trauma-)Opfer zu sein", wissenschaftlich thematisiert von Stoffels 2002, hat mittlerweile sogar einen eigenen Namen („Wilkomirski-Syndrom") und rechtfertigt seelische Störungen dann, wenn sie zumindest vermeintlich auf schuldhaftem Verhalten anderer beruhen. Gesellschaftlich akzeptabel sind das „Burn-out", ein mittlerweile äußerst unglücklicher und schwammiger Begriff (schuld sind jedenfalls die beruflichen Verhältnisse), die Mobbing-Folgen (schuld sind die beruflichen Verhältnisse) und die posttraumatische Belastungsstörung (jeder kann schuld sein). Alle anderen Gestörtheiten und Auffälligkeiten weisen wir gewohnheitsmäßig mit überzeugter Inbrunst weit von uns und delegieren die Reparatur an die „Psy-Berufe", deren Erfolglosigkeit beim Ausrotten menschlicher Basisemotionen wir dann mehr oder weniger nachsichtig kommentieren. Wut als Informationsträger eigener und fremder Befindlichkeit, als Demarkationslinie des Toleranzbereichs, hat ausgedient, ist zur pathologischen Aggression mutiert und daher auszumerzen. Geblieben sind uns die Empörung, die etwas moralinsauer-anämische kleine Schwester, und der große, mächtige Bruder, der „gerechte Zorn".

Wut als Programm

Wut als Charakterzug?

Jeder kennt und keiner liebt sie: Menschen, die bei geringstem Anlass unverhältnismäßig heftig reagieren, die sofort die Beherrschung verlieren oder meinen, dass Beherrschung einen Aufwand erfordere, den sie sich selbst lieber nicht zumuten möchten. In der distanziert-formalen Sprache derjenigen Wissenschaften, die sich mit psychischen Phänomenen befassen, handelt es sich bei solchen Personen um Menschen mit hoher Impulsivität, womit ein weiterer „technischer Begriff" benannt ist, mit dem wir Emotionen anderer distanziert-emotionsfrei etikettieren.

Ein nicht unwesentliches Problem liegt darin, dass diese Begrifflichkeit, so wie auch der Begriff der „Emotion", nicht trennscharf definiert ist. Bei der Impulsivität handelt es sich um ein Konstrukt, das in neurobiologischen oder psychologischen Studien zumeist gleichgesetzt wird mit Aggression. Beschrieben wird sie als „besondere Neigung zu unüberlegten, unerwarteten und plötzlichen Handlungen" (Jackson 1997), damit in Verbindung stehen die Begriffe „Impulshandlung", „impulsives Verhalten" und „Impulskontrolle" („impulsives Verhalten liegt dann vor, wenn die rationale Impulskontrolle zur Hemmung impulsiver Antriebe nicht ausreicht" – als Erklärung ähnlich hilfreich wie: „Regen liegt dann vor, wenn die atmosphärische Regenhemmung zur Abwendung regnerischen Wetters nicht ausreicht" ...). Leicht erregbare Menschen werden umgangssprachlich auch als Choleriker bezeichnet, ein Begriff, der auf das altgriechische Erklärungsmodell unterschiedlicher Temperamente verweist. Diese wurden auf eine unausgeglichene Zusammensetzung der vier Körpersäfte zurückgeführt, wobei beim Wutschnaubenden, der „Gift und Galle spuckt", eben die Galle als wesentlichster Bestandteil seiner Physis angenommen wurde. Bei deutlichem Überwiegen einer Sorte war der gesunde Zustand nicht mehr gegeben, weshalb die chronische Wut-Neigung als Krankheit angesehen wurde. Obwohl die modernen psychiatrischen Diagnosemanuale sich immer wieder mit dem Vorwurf konfrontiert sehen, jegliches unerwünschte und von einer fast unerreichbaren, von oben herab definierten „Normalität" abweichende Verhalten zu pathologisieren, den Krankheitsbegriff ins Unendliche zu dehnen und einer übermächtigen pharmazeutischen Industrie damit eine Unzahl an modernen „Menschenopfern" (vorzüglich im Bereich finanzstarker Absatzmärkte) zuzuführen, hat die cholerische Charakterstruktur in eben diese Diagnosesysteme keinen Eingang gefunden. Nur dort, wo sich die Muster, nach denen Menschen mit ihrer Umwelt in Kontakt treten, wiederholen und eine breite Spur von Leid und Verwüstung hinterlassen, sind diagnostische Zuschreibungen zulässig. In der Regel handelt es sich dann um Persönlichkeitsstörungen, ein Begriff, der nicht sonderlich glücklich gewählt erscheint. Bezeichnet werden damit tief verwurzelte, anhaltende Verhaltensmuster, die sich in starren Reaktionen auf unterschiedliche persönliche und soziale Lebenslagen zeigen und die deutliche Abweichungen in Wahrnehmung, Fühlen, Denken und in Beziehung zu anderen darstellen. Diese Verhaltensmuster sind stabil und beziehen sich auf vielfältige Bereiche des Verhaltens und der psychischen Funktionen. Sie verursachen Leidenszustände beim Betroffenen oder bei anderen, mit denen er in Kontakt tritt, beginnen in Kindheit oder Adoleszenz, dauern lebenslang an und beruhen nicht auf einer anderen psychischen Störung oder Hirnerkrankung. Das Überdauernde dieser Definition, die eine Person rundweg zum lebenslang „Gestörten" erklärt, stellt allerdings eine gehörige Stigmatisierung dar. Karl Jaspers meinte dazu: „Menschlich aber bedeutet die Feststellung des Wesens eines Menschen eine Erledigung, die bei näherer Betrachtung beleidigend ist und die Kommunikation abbricht."

Ganz normale Choleriker

Der „Allerwelts-Choleriker", der spontan, unbeherrscht und jähzornig seine jeweils aktuelle Befindlichkeit auslebt, muss nicht zwingend schon die definierten Grenzen einer Persönlichkeitsstörung überschreiten. Findet er im Privaten eine ausreichende Zahl gelassener Kommunikationspartner, die sich von den vulkanartigen Ausbrüchen nicht beirren lassen, ungerührt deren Ende abwarten und dann – „so ist er eben, aber er hat auch gute Seiten"– wieder zur Tagesordnung übergehen, und zeigt er im Beruflichen mehr Fähigkeit zur Selbstkontrolle oder findet einen Chef, der wegen seiner positiven Eigenschaften die vereinzelten Gewitter toleriert, so muss eine cholerische Disposition nicht unbedingt zu dauernden Konflikten und Leidenszuständen führen. Eine besondere Herausforderung stellen cholerische Chefs dar: Nicht jedem ist es gegeben, derartige Eruptionen ungerührt vorbeiziehen zu lassen, obwohl das wohl das probateste Mittel wäre, damit umzugehen. Wer den Wutausbruch als Aufforderung zu einer Auseinandersetzung interpretiert, wird sich rasch in einem symmetrisch eskalierenden Konflikt wiederfinden, der am Ende nach den Regeln der Hierarchie entschieden wird und zumindest einen schwer Gekränkten zurücklässt. In der Rage fallen Argumente und Fakten nicht auf fruchtbaren Boden, hier regiert die reine Emotion, die Vernunft bleibt außen vor. Weitaus sinnvoller ist es, der Situation aus dem Weg zu gehen oder ihr mit Gelassenheit und einer Portion Charme (allerdings nicht mit Ironie, die würde nur weiteren Zündstoff liefern) zu begegnen, auf das Abklingen zu warten und danach in der Sache selbst zu argumentieren. Besondere Optimisten können in der Verzögerung, die der Wutausbruch bewirkt, eine Möglichkeit sehen, ihre eigenen Argumente zu sammeln und ihr taktisches Vorgehen auszufeilen. Fritz Riemann beschreibt in seiner tiefenpsychologischen Studie über die „Grundformen der Angst" die Aggression des milde hysterischen Menschen als elastisch, spontan, unbekümmert und oft unüberlegt, dafür wenig nachhaltend und nachtragend. Über derartige Erlebnisse mag man zwar verwundert sein, es wäre aber müßig, sich zu grämen. Zur Illustration hier eine selbst erlebte Episode:

Zwei Berufskollegen, im selben Betrieb tätig, aber an unterschiedlichen Stellen der Betriebshierarchie, begegneten sich zufällig auf der Straße. Der Ranghöhere war in Begleitung und offenbar in ein Gespräch vertieft, weshalb sich der Rangniedrigere nicht mit einem lauten Gruß aufdrängen wollte und es bei einem verhaltenen „Guten Tag" und einem Nicken bewenden ließ. Einige Zeit, nachdem sie sich auf ihren jeweiligen Wegen schon wieder beträchtlich voneinander entfernt hatten, wurde der Nachgeordnete durch ein lautes Brüllen aus seinen Gedanken gerissen: hinter ihm stand, mit hochrotem Kopf, sein Kollege und schrie, dass es durch die ganze Straße zu hören war: „Was fällt Ihnen ein, mich nicht zu grüßen? Wofür halten Sie sich eigentlich? Jemand wie Sie ist in Ihrer Position völlig fehl am Platz! Sie haben ja gar keine Manieren!!" Der solcherart Angeschriene brauchte zwar einige Sekunden, um die Situation zu erfassen, schaffte es dann aber doch, sich zu verteidigen: Er habe ja gegrüßt, aber eben nicht laut, um nicht zu stören. Der Andere beruhigte sich sofort, meinte: „Ja, dann ist ja alles in Ordnung", drehte sich um und ging weiter. Bei der nächsten firmeninternen Begegnung hatte zumindest einer der beiden die ganze Angelegenheit schon wieder völlig vergessen. Was immer man ihm sonst nachsagen konnte, nachtragend war er ja nicht.

Die vier Faktoren der Persönlichkeit

Hans Jürgen Eysenck, einer der maßgeblichen Psychologen des 20. Jahrhunderts, definierte Persönlichkeit als „die mehr oder weniger stabile und dauerhafte Organisation des Charakters, Temperaments, Intellekts und Körperbaus eines

Menschen, die seine einzigartige Anpassung an die Umwelt bestimmt. Der Charakter eines Menschen umfasst das mehr oder weniger stabile und dauerhafte System seines konativen Verhaltens (des Willens); sein Temperament das mehr oder weniger stabile und dauerhafte System seines affektiven Verhaltens (der Emotion oder des Gefühls); sein Intellekt das mehr oder weniger stabile und dauerhafte System seines kognitiven Verhaltens (der Intelligenz); sein Körperbau das mehr oder weniger stabile System seiner physischen Gestalt und neuroendokrinen (hormonalen) Ausstattung" (Eysenck 1970). Eysenck unterschied vier wesentliche Faktoren, die die Persönlichkeit konstituieren, nämlich Extraversion, Introversion, Neurotizismus (Labilität – Stabilität) und Psychotizismus. Die Grundlage dieser Merkmale vermutete er in den anatomischen Gegebenheiten des Gehirns, die einerseits auf Basis genetischer Vorgaben, andererseits durch Einflüsse im Laufe der Entwicklung geschaffen werden. Die Amygdala, der Mandelkern, ist derjenige Ort unseres Gehirns, in dem Emotionen „entstehen" und erlebbar werden. 2005 konnte an der Stony Brook University in New York nachgewiesen werden, dass das Volumen dieses Mandelkerns bei Extrovertierten linksseitig vergrößert und bei einer Tendenz zu belastenden, negativen Gefühlen (Neurotizismus) rechtsseitig verkleinert ist. Bei extrovertiert Disponierten wird eine geringere Erregbarkeit des Gehirns angenommen, weshalb sie externe Stimulation und den Kontakt mit anderen suchen, was sie offener, lebhafter, risikoaffiner, aber auch rastlos und sprunghaft machen kann. Im Gegensatz dazu ist der Introvertierte leichter erregbar und dadurch anfälliger für Stimmungsschwankungen. Er sucht vor allem Sicherheit, begnügt sich mit wenigen externen Anregungen, erlebt intensiver und reagiert stärker, was auch die

Grundlage sein kann für eine erhöhte Tendenz zu Sorge und Pessimismus, aber auch für Schuldgefühle und Selbstzweifel. Neurotizismus bezeichnet die Neigung zu Nervosität, Ängstlichkeit und Besorgtheit. Menschen mit ausgeprägtem Neurotizismus reagieren oft heftig auf äußere Stimuli, solche mit einem geringen Wert auf der Neurotizismus-Skala sind eher gelassen und in sich selbst ruhend. Der Choleriker in Reinform wäre demnach eine Mischung der Faktoren Extraversion und emotionale Instabilität, wobei Letzteres die rasche Auslenkbarkeit der Stimmung und ersteres die Hemmungslosigkeit benennt, mit der die jeweilige Stimmung auch an anderen ausgelebt wird. Ohne weitere charakterliche Beimischung mögen Choleriker zwar unangenehm sein, zu fürchten sind sie in der Regel nicht.

Wütende Narzissten

Ungünstiger Weise kann aber ein jähzorniges Temperament auch mit anderen Charaktereigenschaften gemeinsam auftreten, was die Sache wesentlich problematischer macht. Äußerst unangenehm ist der jähzornige Narzisst: ein Mensch, unfähig, die anderen auch nur ansatzweise als gleichwertig wahrzunehmen, dauernd bestrebt, seine Machtposition auszubauen, egoistisch, rücksichtslos, mit ausuferndem Anspruch auf Unterordnung und Anerkennung seitens der anderen, mag zwar in der tobenden Version berufliche Konkurrenzsituationen eine Zeit lang leichter für sich entscheiden können, als Vorgesetzter regiert er allerdings nur über die Angst seiner Mitarbeiter, macht kompetente andere mundtot, beraubt sich so ihrer Kreativität und ihrer Loyalität und wird am Ende des Tages nur eine Schar devoter, eingeschüchterter, fantasieloser Jasager um sich versammeln können, was unweigerlich Stillstand und Erfolglosigkeit (und damit noch mehr Wutausbrüche und noch frenetischere Suche nach Bewunderung) mit sich bringt. Riemann beschreibt diese Personen, denen er eine stärkere Ausprägung hysterischer Züge zuschreibt, als unerträgliche Dauerinszenierer: Die Aggression wird für den Geltungsdrang eingesetzt, es finden sich Selbstglorifizierung und eine ungemein reizbare Empfindlichkeit gegen narzisstische Kränkungen, Angeberei und unersättliche Geltungssucht. Solcherart Disponierte agieren als reine Machtmenschen, die alles und alle ihrem pathologischen Bedeutsamkeitsstreben unterordnen und diejenigen, die sie darin behindern, mit Macht (und jederzeit abrufbarer Aggression) aus dem Weg räumen. Regeln und Gesetzmäßigkeiten gelten ihnen nichts, Realitäten werden nicht anerkannt, vernünftige, themenbezogene Auseinandersetzungen sind auch nach dem spontanen Aggressionsausbruch nicht möglich. Falls man das Pech hat, in so eine berufliche Konstellation zu geraten, ist die ehebaldigste Flucht dringend zu empfehlen: Hier wäre es müßig (und selbstschädigend), auf Einsicht und Veränderung zu warten.

Störung der Persönlichkeit

Die Extremausprägung der emotionalen Unkontrolliertheit und der affektiven Durchlässigkeit stellt die emotional instabile Persönlichkeitsstörung dar. Sie ist definiert als eine deutliche Tendenz, impulsiv und ohne Berücksichtigung von Konsequenzen zu handeln, als wechselnde instabile Stimmung. Die Fähigkeit des Vorausplanens ist gering und Ausbrüche intensiven Ärgers können oft zu gewalttätigem und explosiblem Verhalten führen. Dieses Verhalten wird leicht ausgelöst, wenn impulsive Handlungen von anderen kritisiert oder behindert werden. Bei der Borderline-Persönlichkeit, einer Unterform der emotional instabilen Persönlichkeitsstörung, sind zusätzlich das eigene Selbstbild, Ziele und innere Präferenzen unklar und gestört. Meist besteht ein chronisches Gefühl innerer Leere. Die Neigung zu intensiven, aber unbeständigen Beziehungen kann zu wiederholten emotionalen Krisen führen mit übermäßigen Anstrengungen, nicht verlassen zu werden, und mit Suiziddrohungen oder selbstschädigenden Handlungen. Die Kehrseite des krankhaften Festhaltens ist die bodenlose Verdammnis, in die all jene gestoßen werden, die sich den exzessiven Forderungen nach bedingungsloser Nähe nicht in der erwarteten Form fügen. Im Wesentlichen sind die Betroffenen Gehetzte, ständig getrieben von intensiven Bedürftigkeiten und unstillbaren Bedürfnissen, ausgeliefert an unkontrollierbar heftige Stimmungsauslenkungen, ohne inneren Ruhepol und beständig im Konflikt mit allen, an die sie ihre Wünsche adressieren. Wenn sich zu einer derartigen Persönlichkeitsstruktur noch eine eher aggressiv getönte Grundgestimmtheit, eine biografisch fundierte und ableitbare, aber schließlich generalisierte Wut gesellt, die sich gegen die ganze Welt richtet und zumindest einen (verfügbaren) Teil davon vernichten möchte, dann kann das Ergebnis ein wahrlich furchtbares sein.

Wüten wie Iwan der Schreckliche

Ein historisch belegtes Beispiel einer derartigen Kombination unvorteilhafter Charaktereigenschaften ist Iwan der Schreckliche. Der spätere Zar wurde im achten Lebensjahr Vollwaise und wuchs unter ungünstigen Bedingungen als Faustpfand diverser Adeliger auf, die sich durch die Beherrschung des künftigen Herrschers in ihren Machtpositionen abzusichern gedachten. Iwan wurde unter bisweilen fast unerträglichen Umständen und unter ständiger Lebensgefahr gehalten, wurde von der Außenwelt gänzlich isoliert und entwickelte so einerseits sein später fatales umfassendes Misstrauen gegen alles und jeden, andererseits ein ausgeprägtes Rachebedürfnis, gepaart mit einer vollständigen emotionalen Entfremdung von seinen Mitmenschen (mit Ausnahme seiner ersten Gattin, deren früher Tod ihn noch grausamer werden ließ; ihre insgesamt sieben Nachfolgerinnen verstieß oder verbannte er oder ließ sie hinrichten) und einem eklatanten Vernichtungswillen, der sich beliebig gegen jeweils verfügbare Subjekte richten konnte. Sein wenig schmeichelhafter Beiname wurde ihm wegen seiner geplanten, durchdachten und sorgfältig orchestrierten Grausamkeiten zuteil, wobei ihm seine Intelligenz beim Erfinden immer neuer sadistischer Tötungsmethoden zugutekam: Seinen Kanzler ließ er bei lebendigem Leibe zentimeterweise zerstückeln, seinen Freund so lange abwechselnd mit kaltem und kochendem Wasser übergießen, bis sich das Fleisch von den Knochen löste, einen dritten ließ er in ein Bärenfell einnähen und von Hunden zerreißen, eine der Hexerei beschuldigte Hofdame musste vor ihrem Foltertod der Hinrichtung ihrer fünf Söhne beiwohnen, wieder andere wurden angeblich in eigens geschmiedeten Pfannen geröstet.

Von 1563 bis 1575 ordnete er in Russland neun Massenexekutionen an, für die er einen eigenen Spezialtrupp aufstellen ließ; bisweilen legte er selbst Hand an, oft war er begeisterter Zuschauer seiner Inszenierungen. Ein Zeitgenosse, Fürst Kurbski, beschrieb die Vorgänge als eine wahre „Feuersbrunst der Grausamkeit". Neben dem Hang zu mit Planung, Akribie und offensichtlicher Lust an der Sache begangenen Folterungen und Exekutionen hatte Iwan aber auch eine sehr spontane, jähzornige Seite, die ihn zu unbedachten Handlungen hinriss, die er danach bisweilen bitter bereute: So erschlug er im November 1581 im Streit seinen eigenen Sohn und designierten Nachfolger Iwan und erholte sich kaum mehr von diesem Verlust.

Fallbeispiel: Die vernichtende Wut des Herrn A.

So wie bei Iwan dem Schrecklichen fand sich auch in der Biografie des Herrn A. eine Reihe von fast klassischen Risikofaktoren einer problematischen Persönlichkeitsentwicklung: vonseiten des Vaters war Herr A. mit einer Neigung zu Suchterkrankungen belastet, der Vater wurde von ihm als schwer alkoholkrank beschrieben. Trotz der zeitintensiven Hinwendung zum Alkohol war es dem Vater gelungen, lange Zeit zwei Parallelfamilien zu unterhalten, wobei er in beiden Familien Kinder zeugte und die Mutter des Herrn A. erst bei der Geburt ihres zweiten Kindes von der anderen Frau Kenntnis erlangte. Nach Aufdeckung der Doppelgleisigkeit kündigte der Vater zwar die Trennung von seiner rechtmä-

ßigen Gattin an, führte diese jedoch nie durch. Auch die Mutter des Herrn A. trennte sich nicht von dem Mann, der sie jahrelang hinters Licht geführt hatte, und wurde deshalb in der Folge von ihrer eigenen Verwandtschaft geschnitten. Da die Mutter mangels Unterstützung durch den Kindsvater für das Familieneinkommen sorgen musste, wurden die Kinder zum Teil bei Tanten und bei Nachbarn versorgt, bis Herr A. in seinem dritten Lebensjahr vom Onkel auf dessen Bauernhof geholt wurde. Dort herrschten völlig andere Regeln und Sitten als bei der Mutter, die ihm alles hatte durchgehen lassen, keine Grenzen gesetzt hatte und mit der Erziehung offenbar völlig überfordert gewesen war. Der Onkel hielt das Kind von klein auf zur Mitarbeit an, machte dabei aber wenig Hehl aus seiner Ablehnung und äußerte sich immer wieder abfällig über die Mutter und deren regelwidrige und ungeordnete Beziehungsverhältnisse. Im zehnten Lebensjahr leitete der Onkel eine Heimunterbringung des Kindes in die Wege, was die Mutter auf den Plan rief, die Herrn A. zu sich nach Hause holte. Nun war alles wieder wie zuvor, er durfte machen was er wollte, musste nicht arbeiten, und wenn er, was bald zur Regel wurde, nicht gehorchte, reagierte die Mutter ausschließlich verzweifelt und mit Tränen. Da Herr A. in der Schule keine Aufgaben machte, aber Mitschüler unterdrückte und quälte, wurde schließlich vom Jugendamt eine Heimunterbringung in die Wege geleitet. Auch im Heim verhielt sich Herr A. aufsässig und oppositionell. Die Mutter kam jedes Wochenende zu Besuch und brach nach Mitteilung seiner dortigen Schandtaten immer wieder in Tränen aus. Herr A. be-

richtete, dass er die Mutter einerseits für zu gutmütig gehalten, andererseits aber auch verachtet habe. Wenn er Zeit bei der Mutter verbrachte, stahl er dort alles, „was nicht angenagelt war" und begann auch bald, den Alkohol betreffend, in die Fußstapfen des Vaters zu treten. Bis zum 36. Lebensjahr war Herr A. nur wenige Wochen berufstätig, sämtliche Arbeitsverhältnisse kamen auf Initiative der Mutter zustande und wurden von Herrn A. nach wenigen Tagen wieder beendet. Konstant zeigte sich Herr A. nur in seiner Beziehung zum Alkohol, den er ab seinem 15. Lebensjahr regelmäßig und am Wochenende bis zur Bewusstlosigkeit konsumierte, wobei schon bald klar wurde, dass er unter Alkohol aggressiv wurde und wahllos zufällig Anwesende attackierte. Wegen diverser Körperverletzungsdelikte, aber auch wegen mehrerer Diebstähle verbrachte Herr A. schon bald längere Zeiten in Haft, wo er immer wieder unfreiwillig einen Entzug absolvierte, ein Zustand, der Herrn A. nicht zuletzt wegen der massiven Ängste, die er dann entwickelte, zutiefst verhasst war. Die Zeiten zwischen den Inhaftierungen nutzte Herr A., um seine Sucht auf sämtliche verfügbaren illegalen Substanzen auszuweiten, Konsumlücken überbrückte er mit Beruhigungstabletten, die sich die Mutter vom Arzt verschreiben ließ.

Mit neunzehn lernte Herr A. eine deutlich ältere Frau kennen, die allerdings verheiratet war und ihn immer wieder mit ihrer Scheidung vertröstete. Als das ihren Angaben nach gemeinsame Kind geboren wurde, drängte Herr A. darauf, dass sie nun endlich diese Scheidung durchführe. Die Frau weigerte sich. Als

Herr A. wieder einmal in Haft war, verunglückte der deutlich ältere Ehemann seiner Partnerin, woraufhin sie sich von Herrn A. trennte, was er in der eigenen Untersuchung mit der Bemerkung quittierte, dass er damals Gott sei Dank in Haft gewesen sei, er hätte sonst für sein Verhalten ihr gegenüber nicht garantieren können: Mit einiger Wahrscheinlichkeit wäre er sonst schon viel früher zu einer sehr langen Haft verurteilt worden. Er habe damals einen unglaublichen Hass auf diese Frau entwickelt, einen Hass, der ihn bis zuletzt nicht losgelassen habe.

Nach der Haftentlassung lernte er seine spätere, wiederum ältere Frau kennen, die so wie er Alkohol und Drogen konsumierte, die sich aber schließlich anlässlich seiner nächsten Haftstrafe von ihm trennte. Keiner der beiden war in der Beziehung treu, Herr A. gab an, dass er die Frau „selbstverständlich" im betrunkenen Zustand auch geschlagen habe. Nach der nächsten Haftentlassung war Herr A., wie schon oftmals zuvor, in stationärer psychiatrischer Behandlung und lernte dort eine junge Frau kennen, die ebenfalls an einer heftigen Suchterkrankung laborierte. Problematisch war, dass er zu diesem Zeitpunkt schon in seinem Heimatort mit einer anderen Frau liiert war und auch mit dieser zusammenwohnte – problematisch nicht wegen der Untreue, die bezeichnete Herr A. als selbstverständlich, ein Mann dürfe das, eine Frau nicht, das sei zwar möglicherweise moralisch verwerflich, entspräche allerdings der Realität. Die Problematik resultierte eher daraus, dass beide Partnerinnen von ihm verlangten, er müsse sich für eine von ihnen entscheiden, dass also beide begannen, ihm wegen der jeweils anderen Vorhaltungen und „Stress" zu machen, wenngleich Herr A. einräumen müsse, dass ihm keine gedroht habe: „Was soll eine Frau auch drohen?" Er selbst habe eigentlich beide ganz gern gehabt und keinen Grund gesehen, sich für eine zu entscheiden, lästig sei nur gewesen, dass er sich dauernd, statt die jeweilige traute Zweisamkeit zu genießen, die diversen Vorhaltungen habe anhören müssen, und dass beide nicht zur Vernunft gekommen seien, obwohl er ihnen wiederholt ankündigte, notfalls die Beziehung zu beiden zu beenden, da sie beide leicht zu ersetzen und nichts Besonderes seien. Die einzige Frau, die er nicht aus dem Kopf bekam, war die Mutter seines Kindes, der er einen heftigen und auch durch die Jahre nicht gemilderten Hass entgegenbrachte: Herr A. gab in der Untersuchung an, wenn es den Hass nicht gäbe, würde er wohl nicht mehr leben.

Die doppelgleisige Beziehung ging fast ein Jahr lang so dahin, ohne dass eine der beiden zur Vernunft kam und ihre dauernden Vorhaltungen einstellte. An einem Montag war es Herrn A. dann zuviel. Anlässlich eines Spaziergangs brachte die Lebensgefährtin wieder das leidige Thema aufs Tapet, worauf er ohne Vorwarnung das mitgeführte Messer zog und von hinten auf sie einstach, wobei das Messer abbrach, was zu einem Ende der Attacke führte: Herr A. gab an, dass er sie sonst zweifelsohne getötet hätte. Nach dem unfreiwilligen Abbruch des Angriffs teilte Herr A. der Frau mit, dass ihm die ganze Sache leid tue und dass sie ins Spital gehen müsse, was sie allerdings verweigerte, weil er dann ja verhaftet würde. Beide gingen heim und legten sich ins Bett. Nachdem es der Frau, die mehrere Lungenstiche erlitten hatte, in der Nacht immer schlechter ging, wurde schließlich der Notarzt gerufen, dem die Frau von einem Sturz, aber nicht von einer Messerattacke berichtete, was Herrn A. die Gelegenheit gab, morgens mit einem neuen Messer zu seiner 100 Kilometer entfernten zweiten Partnerin zu fahren. Herr A. berichtete, dass er schon am Vortag beschlossen hatte, diese in jedem Fall zu töten, nachdem sie ihm telefonisch von einem Intimkontakt mit ihrem Drogenhändler und damit von ihrem Betrug an ihm berichtet hatte. Herr A. konsumierte reichlich Beruhigungsmittel und Alkohol, fuhr in den Wohnort der Partnerin, sperrte ihre Wohnungstür auf und fand sie in der Küche vor, wo gemeinsam weiter Alkohol konsumiert wurde, bis sich beide schließlich in Richtung Schlafzimmer bewegten. Herr A. legte das Messer neben das Bett, was bei der Frau beträchtliche Irritation, aber keine weiter reichende Reaktion auslöste, und begann nach dem Geschlechtsverkehr auf sie einzustechen. In der Untersuchung berichtete er, dass sie sich lange gewehrt und auch lange geschrien habe, wobei der Tatablauf, angesichts der über hundert zugefügten Stichverletzungen, auch faktisch ein lang gezogener gewesen sein musste.

In der Folge wickelte Herr A. die Frau in eine Decke, bestellte sich ein Taxi, besorgte weiteren Alkohol, kehrte in die Wohnung zurück und legte sich neben der Leiche schlafen, bis er am nächsten Tag erwachte, in der Wohnung noch Kaffee konsumierte und ging. Den Schlüssel warf er weg, besorgte weiteren Alkohol und nahm für die Rückkehr an seinen Wohnort ein Taxi, wobei es mit dem Taxifahrer zu einem heftigen Streit um den Fahrpreis kam und Herr A. durch das Öffnen der Autotür auf der Autobahn fast einen Unfall verursachte.

An seinem Wohnort angekommen, suchte Herr A. die Apotheke auf, besorgte sich weitere Beruhigungsmittel und kollabierte prompt nach Einnahme, sodass er im Spital aufgenommen werden musste. Nach der Entlassung am nächsten Tag bedachte er die Lage, kam zum Schluss, dass ihm das Vertuschen des Tötungsdelikts zu aufwendig und „zu stressig" sei und dass er sich damit begnügen werde, die weitere Entwicklung abzuwarten. Zwei Tage später stand die Polizei vor seiner Tür.

Innere und äußere Einflüsse

Bei Herrn A. schienen die Delikte, die ihn schließlich für lange Zeit in Haft brachten, als fast erwartbarer, „logischer" Endpunkt einer langen Entwicklung, die (außer beim Konsum diverser Substanzen) keinerlei Beständigkeit aufwies, in der er sich aber auch nie bemüht hatte, seine Explosivität zumindest etwas besser zu kontrollieren. Genauso wenig hatte er sich mit den Ursachen seiner wütenden, fast globalen Ab- und Auflehnung auseinandergesetzt, hatte sich also auch nie, weder innerlich noch faktisch, mit den Verursachern seiner grundlegenden Anspannung und Explosivität konfrontiert. Im Nachhinein erstaunlich war das Ausmaß der Aggression, die schließlich aus ihm hervorbrach, vielleicht erstaunlich war auch, dass sich durch die Tathandlungen rein gar nichts an seiner allzeit abrufbaren Aggressionsbereitschaft geändert hatte: Die Explorationsgespräche waren ein Seiltanz über einem Abgrund voller verzweifelter Bedürftigkeit und unverhohlener Wut, die sich jederzeit gegen jeden zufällig Anwesenden richten konnte. Der extrem rasche Wechsel zwischen diesen beiden Gestimmtheiten machte die Untersuchung zu einer äußerst fordernden Angelegenheit und ließ ahnen, wie anstrengend ein solches Leben mit sich selbst für den Betroffenen sein musste.

Während die instabile Stimmung vor dem Hintergrund anhaltender und umfassender Gereiztheit bei Herrn A. ein konstantes Charakteristikum seiner Persönlichkeit darstellte, das sich von klein auf gezeigt hatte, war die Lage bei Herrn B. gänzlich anders. Bei ihm hatte, vor seinem selbst gewählten Kriegseinsatz, nichts auf seine spätere Tat hingewiesen; erst nach der Rückkehr in das zivile Leben fühlte er sich dort nicht mehr heimisch, ertrug die „Normalität" nicht mehr und zeigte eine zuvor ungekannte Anspannung und Eskalationsbereitschaft. Durch die Kriegserlebnisse war eine Änderung in seiner Persönlichkeit eingetreten, er war reizbar geworden, zornig auf alles und jeden, und in Kombination mit Alkohol brauchte es nicht viel, um ihn zur Explosion zu bringen. Im Unterschied zu einer Persönlichkeitsstörung handelt es sich hier um keine überdauernde, von klein auf vorhandene Charaktereigenschaft, sondern um eine Persönlichkeitsänderung als Ergebnis einer Extrembelastung, die Herrn B. mehr aufgebürdet hatte, als er mit seine vorhandenen Ressourcen kompensieren konnte.

Fallbeispiel: Und der Krieg wütet fort

Herr B. wurde in Serbien geboren und wuchs gemeinsam mit zwei Geschwistern in einer von ihm als sehr liebevoll, zugewandt und unterstützend beschriebenen Familie auf. Der Vater war in einem stabilen, verlässlichen Anstellungsverhältnis, die Mutter blieb lange Jahre bei den Kindern zu Hause und begann erst im 15. Lebensjahr des Herrn B., wieder arbeiten zu gehen. Weder Vater noch Mutter waren übermäßig streng, beide verhielten sich aber konsequent und forderten von den Kindern denselben Anstand im Umgang miteinander und mit anderen, den sie selbst den Kindern entgegenbrachten.

Herr B. besuchte die Schule mit durchschnittlichem Erfolg, absolvierte eine Lehrausbildung und war nach der Militärzeit vorerst in einer Firma berufstätig, bis er durch eine Verwandte seines Vaters, die schon länger in Österreich lebte, auf die Idee gebracht wurde, dass er sich in Österreich nach einer wesentlich lukrativeren Tätigkeit umsehen könne. Herr B. folgte diesem Rat, wohnte kurzfristig bei seiner Verwandten, suchte sich dann eine eigene Wohnung und lebte zwei Jahre lang sparsam und unauffällig in einer österreichischen Kleinstadt, bis in seiner Heimat der Krieg ausbrach. Obwohl ihm alle mitteilten, dass er wohl ein Idiot sein müsse, sich freiwillig zu melden, beschloss er – Sturheit war ein Charakterzug, den er an sich selbst wenig attraktiv fand, den er sich aber durchaus zuschrieb –, freiwillig in den Krieg zu ziehen. Sein Bruder hatte unabhängig von ihm dieselbe Entscheidung getroffen, wovon er aber erst später erfuhr. Nach einem kurzen Kampftraining fand sich Herr B. mitten in den Kriegshandlungen wieder und stellte fest, dass diese mit der landläufigen Romantik und der „Liebe zum Vaterland" nicht viel gemein hatten. Es herrschte Chaos, überall starben Zivilisten, er geriet in mehrere Kampfsituationen Mann gegen Mann und tötete einige Soldaten im Zweikampf (im Nachhinein schätzte er die Zahl der von ihm direkt Getöteten auf ein rundes Dutzend, meinte aber, dass durch die von ihm abgefeuerten Granaten und Raketen wohl noch deutlich mehr gestorben seien). Das Einzige, was in dieser Zeit wirklich gut funktionierte, war der Zusammenhalt in der Truppe. Mit den Kollegen konnte man sich austauschen, obwohl dieses Miteinanderreden mit der Zeit immer weniger wurde, worüber hätte man auch reden sollen, es war immer dasselbe. Am Abend war man froh, wenn man überlebt hatte. Ein Kollege war im Zivilberuf Psychiater und schwor sie immer wieder darauf ein, dass das eben nicht das normale Leben sei, sondern der Krieg, ein Mantra, mit dem sie sich ihrer Normalität versicherten und Distanz zu schaffen versuchten zum alltäglichen Grauen.

Nachdem er einige Monate als Freiwilliger zugebracht hatte, erfuhr er vom Tod seines Bruders und geriet unter den Druck seiner Eltern und der übrigen Verwandten, zurückzukommen und mit den „Blödheiten" aufzuhören, die Eltern hätten schon einen Sohn verloren, einen weiteren zu verlieren wäre grausam.

So kehrte Herr B. zum Geburtstag der Mutter nach Hause zurück und fiel in ein tiefes Loch. Aus lauter Freude über seine Rückkehr hatte sich die Mutter ei-

nen längeren Urlaub genommen, er fühlte sich zuhause aber wie im Gefängnis, empfand eine völlig unerklärliche Trauer, konnte für nichts Interesse aufbringen, vor allem aber war es unerträglich langweilig. Um der Langeweile zu begegnen, aber auch um die gelegentlich vor dem inneren Auge auftauchenden Bilder der Kampfhandlungen wieder in den Hintergrund zu drängen, begann Herr B., Bier und Wein zu konsumieren, bis die Eltern beschlossen, dass es wohl vernünftiger sei, wenn er sich wieder eine ordentliche Aufgabe suche.

Nachdem in dem von den kriegerischen Auseinandersetzungen destabilisierten Land keine vernünftige Arbeit zu finden war, kam man überein, dass er wieder nach Österreich zu seiner Verwandten gehen und sich dort einen Job suchen solle, was er einen Monat nach seiner Rückkehr aus dem Krieg auch tat. Schon nach einer Woche hatte er sowohl einen Job als auch eine Wohnung gefunden, wobei sich die Anmietung der Wohnung nicht ganz unproblematisch gestaltete. Herr B., der ja noch von seinem vorigen Aufenthalt reichlich Erspartes auf der Bank liegen hatte, hatte seine Verwandte gebeten, für ihn dieses Sparbuch zu verwahren. Als er nun, um die Kaution bezahlen zu können, Geld behob, kritisierte sie die Höhe des von ihm behobenen Betrags, warf ihm Verschwendung vor und verärgerte ihn damit gründlich. Nachdem er aber bald wieder sein eigener Herr sein würde und diese Verwandte ja nicht unbedingt laufend treffen musste, schluckte Herr B. seinen Ärger hinunter und ging mit zwei Kollegen, die er am Arbeitsamt getroffen hatte, in ein Lokal, wo alle zwei bis drei Bier konsumierten.

Schon auf dem Weg zum Lokal hatte er die Leuchtreklame eines Spiellokals gesehen, hatte sich an das von der Kautionszahlung noch übrige Geld in seiner Tasche erinnert und beschlossen, den Abend dort ausklingen zu lassen.

So kehrte er nach der Verabschiedung von seinen Kollegen zum Spiellokal zurück und setzte sich unmittelbar an den Automaten, wo er sukzessive und unweigerlich das ganze noch mitgeführte Geld verlor. Dabei konsumierte er beständig weiter Bier, was allerdings nichts half gegen den Ärger über die Verluste, der sich in ihm immer mehr ausbreitete. Als die Kellnerin um Mitternacht schließlich zu ihm kam und ihm mitteilte, dass er nun sein Spiel beenden müsse, da sie das Lokal schließen werde, schwang er die Bierflasche, die er gerade in der Hand hielt, und schlug sie ihr auf den Kopf. Die Frau erschrak und begann furchtbar zu schreien, was Herrn B. noch wütender machte. Er, der vorerst über sich selbst erschrocken gewesen war und eigentlich geplant hatte, sich bei ihr zu entschuldigen, geriet über ihr „sinnloses Geschrei" so in Rage, dass er ihr mit der Faust zweimal ins Gesicht schlug, worauf sie zu Boden stürzte und verstummte. Offensichtlich war sie bewusstlos, er hatte in seiner Wut zu fest zugeschlagen und die ganze Angelegenheit in eine Sackgasse manövriert, aus der es nun kein leichtes Entrinnen mehr gab. Ohne Zweifel würde sie ihn identifizieren, es würde zu einer Gerichtsverhandlung kommen, er könnte die Aussichten auf Arbeit und Neustart vergessen, das Ganze war ein fürchterliches Debakel. Diese Erkenntnis brachte Herrn B. in noch größere Wut, wobei sich sein

Zorn in diesem Moment weniger gegen sich als gegen die Kellnerin richtete, die durch ihr Geschrei die ganze Kaskade in Gang gesetzt hatte. Herr B. ergriff die mittlerweile zerbrochene Bierflasche und durchschnitt der bewusstlos am Boden liegenden Frau damit die Kehle. Erst das viele Blut brachte ihn dann so richtig in die Realität zurück. Er war sich sicher, dass sie tot war, ein Umkehren war nun nicht mehr möglich. Herr B. verließ das Lokal, ging – es war spät und die Stadt ruhig und leer – zurück in sein Hotelzimmer und beschloss, dass er, um halbwegs vernünftig weiterleben zu können, das Ganze wohl vergessen müsse.

Das gelang ihm relativ gut. Herr B. trat seinen Job an, hatte einige Zeit Angst vor der Polizei, wurde aber, als diese nicht auf ihn zukam, immer sicherer, kaufte sich ein Auto und beschloss, nie mit irgendjemandem über das Vorgefallene zu sprechen. Was er nicht verhindern konnte war, dass die Bilder der Tat ihn vor allem beim Aufwachen und beim Einschlafen immer wieder heimsuchten. Das waren Tageszeiten, vor denen er sich zu fürchten begann, weshalb er es vorzog, zumindest zum Einschlafen reichlich Alkohol zu konsumieren. Wenige Monate nach dem Mord erlitt Herr B. einen Autounfall, verlor dabei einen Arm, verbrachte mehrere Monate schwer verletzt auf der Intensivstation und anschließend in einer Rehaklinik. Danach versuchte er zwar, in seinen Job zurückzukehren, konnte diesen aber wegen seiner Behinderung nicht mehr ausüben und suchte sich schließlich selbst eine neue Tätigkeit bei der Firma, die seine Armprothese hergestellt hatte. Der Alkoholkonsum nahm zu, mittlerweile musste er sich eingestehen, dass es nicht mehr nur eine Gewohnheit, sondern eine Abhängigkeit war. Er litt unter Entzugserscheinungen, wenn er versuchte, weniger oder nichts zu trinken, er konnte sich ein Leben ohne Alkohol nicht mehr vorstellen, er begann Hochprozentiges zu konsumieren, kurz: Die Sache war entgleist.

Herr B. beschloss, dass es in diesem Zustand unverantwortlich sei, an Maschinen zu arbeiten, kündigte seinen Job und kehrte in sein Heimatland zurück, wo er umgehend eine Klinik aufsuchte, um einen Alkoholentzug durchzuführen. Im Anschluss daran besuchte er regelmäßig einen Psychotherapeuten, mit dem er über alles sprach, nur nicht über das, was ihn wirklich bedrückte; er schaffte es aber trotzdem, seine Abstinenz zu stabilisieren. Er fand einen neuen Arbeitsplatz, suchte sich eine neue Wohnung, lernte eine Frau kennen und verlobte sich. Dann wurde ein Gesetz erlassen, das Invaliden die Tätigkeit in seiner Berufssparte verbot, woraufhin er gekündigt wurde und mit einem Schlag alles verlor, weil die Verlobte sich nicht an einen Arbeitslosen binden wollte. Seine Wut war grenzenlos. Herr B. verließ seine Heimatstadt und schloss sich einem Trupp von vagabundierenden Bettlern an, mit denen er des besseren Verdiensts wegen bis nach Paris reiste, wo er mehrere Jahre in Abbruchhäusern lebte. Dann lernte er über eine katholische Gemeinde einen Landsmann kennen, der ihm ein Zimmer überließ und ihn zu Aushilfsarbeiten einteilte. Herr B., der mittlerweile wieder zu trinken begonnen hatte, reduzierte seinen Alkoholkonsum und lebte von den Aushilfsjobs.

Einer dieser Jobs bestand darin, mit dem Auto dieses Kollegen Besorgungen zu erledigen. Als Herr B. an einem besonders schönen Tag im Anschluss an eine solche Auftragsfahrt einen nicht vorgesehenen Ausflug unternahm, bemerkte er, dass er damit mehr Benzin verbraucht hatte, als er mit der Besorgung rechtfertigen konnte, hatte aber kein Geld zum Tanken und stahl Treibstoff, wobei er erwischt, polizeidienstlich behandelt und nach vier Tagen abgeschoben wurde. Nun war er wieder in seiner Heimatstadt, lebte vom Betteln und fand schließlich doch wieder eine Arbeit in seinem Lehrberuf, fand eine Freundin, zog mit ihr zusammen und glaubte, nun endlich zur Ruhe gekommen zu sein.

28 Jahre nach dem Mord wurde Herr B. wegen des Tötungsdelikts verhaftet. Anlässlich des Benzindiebstahls waren seine Fingerdrücke erfasst, in eine Datenbank eingespeichert und Jahre später im Zuge einer Routineüberprüfung mit den Fingerabdrücken vom Tatort verglichen worden, die Übereinstimmung war eindeutig.

Anders als bei Herrn A., dessen Entwicklung schon sehr früh vorgezeichnet erschien, ist es bei Herrn B. äußerst fraglich, ob es ohne seine Kriegserlebnisse je zu diesem Drama gekommen wäre: Krieg endet für seine Akteure nicht zwingend mit der Teilnahme daran, sondern kann fortwirken als Depression, aber auch als jähe, bodenlose Wut, als „destruktives Bereitschaftspotenzial", eine Tatsache, der sich die USA mit einem Aufwand von jährlich über drei Milliarden Dollar Therapiekosten stellen müssen.

Wut im Bauch

Wütend mit Leib und Seele

Körper und Geist – diese unselige, weil wirklichkeitsfremde Zweiteilung prägt unser Denken bis heute. Auf der einen Seite steht hier der Geist, nicht stofflich, losgelöst von aller Materie und daher weder vermessbar noch greifbar, auf der anderen Seite der Körper, von Geburt an dem Verfall preisgegeben, krankheitsanfällig, verwundbar. In dieser Sichtweise ist es wenig verwunderlich, dass der Geist als dem Körper überlegen wahrgenommen wird, alles Körperliche schwach, der Geist aber erhaben. Ein Mensch, der es zur „Vergeistigung" gebracht hat (durch stetes Streben, Verzicht, bisweilen auch Missachtung seiner körperlichen Bedürfnisse), steht über den Niederungen seiner Körperlichkeit und ist zu bewundern für die Macht, die er über seine Stofflichkeit erlangt hat. Besonders gefährlich ist diese Sichtweise, wenn sie mit moralisch-religiösen Deutungen und Wertungen unterlegt wird und seelische Krankheiten nicht als Krankheiten im Sinne einer konkreten materiellen „Entgleisung", sondern als moralisches

Defizit interpretiert werden: Melancholie (die man heute wohl als Depression bezeichnen würde) war früher ein klares Zeichen für den Abfall von Gott und die Hinwendung zu finsteren Mächten, also teuflisch und böse; Epilepsie war Besessenheit und konnte höchstens durch die Austreibung der Dämonen kuriert werden, eine „Heilmethode“, die bisweilen so drastische Mittel erforderte, dass mit den vermeintlichen Dämonen auch gleich der Betroffene selbst das Zeitliche segnete.

Dabei ist das Leib-Seele-Problem ein altes, zentrales Thema der Philosophie und der Medizingeschichte und lässt sich bis in die Hochkulturen Mesopotamiens zurückverfolgen. Dass die geistig-seelische Befindlichkeit körperlich wahrnehmbare Ausflüsse zeitigt, findet sich als Allgemeingut in vielen Redewendungen: Wir sind blind vor Wut oder vor Liebe, es geht uns etwas auf die Nerven, lastet schwer auf unseren Schultern und drückt uns gar zu Boden, wir zerbrechen uns den Kopf und trotzdem geht uns die Sorge an die Nieren und liegt uns im Magen, und wenn wir es loswerden wollen, verschlägt es uns die Sprache oder bleibt uns im Hals stecken. Der Schreck sitzt uns in den Gliedern, wir haben weiche Knie, das Herz bleibt stehen vor Angst, wir erblassen vor Neid, und vielleicht kommt uns die Galle hoch. Schon das Alte Testament nahm die heute erwiesene Erkenntnis psycho-somatischer Einheit voraus: „Ein fröhliches Herz bringt gute Besserung, aber ein niedergeschlagener Geist dörrt das Gebein aus“ (Sprüche 17:22). Die körperliche Selbstheilungskraft beispielsweise ist in manischen Zuständen, also in Zeiten krankhaft gehobener Stimmung und gesteigerten Antriebs, faktisch erhöht, wohingegen die Wundheilung bei depressiven Patienten verzögert ist.

Die Medizin tat sich freilich sehr lange schwer damit, diese Zusammenhänge in ihr Bild der Erkrankungen und deren Kausalität einzuordnen, besonders in Zeiten religiös geprägter Leibfeindlichkeit und moralisierender Wertung. Erst im frühen 19. Jahrhundert entstand die Vorstellung eines „Unbewussten“, das damals noch nicht so benannt, aber in einem „Gangliensystem“ verortet wurde, das im Bauch beheimatet war. Von dort her stammte die Lebenskraft, dort saß auch die „bewusstlose Seele“ und regierte gelegentlich, beispielsweise in dem für die damaligen Ärzte äußerst faszinierenden Phänomen der Hypnose, über das „Cerebralsystem“ im Kopf. Georg Groddeck, ein deutscher Psychoanalytiker, vereinnahmte körperliche Beschwerden pauschal als Symbole einer vom öffentlichen Moralempfinden verdrängten Lebenskraft, die sich mangels Anerkennung und passender Ventile nun über den Körper ausdrücken müsse. Damit folgte er Sigmund Freud, der die nicht verarbeitete, triebhafte, körperliche Erregung in einen Körperteil springen sah, wo sie sich in Erkrankung wandelte.

All diesen Erklärungen war gemein, dass sie zwar eine Verbindung zwischen seelischen Vorgängen und körperlichen Erscheinungen herstellten, die Zweiteilung von Geist und Körper aber prinzipiell aufrecht erhielten: Die Krankheit (das Problem) sprang zwischen der einen und der anderen Seite hin und her und war zwar im Körperlichen besser greifbar, aber im Seelischen beheimatet und verursacht. Konsequenterweise wurden in Folge spezifische Triebkonflikte spezifischen Organkrankheiten zugeordnet, was sich durch die weitere Forschung in dieser Form nicht bestätigen ließ, aber wohl manchem neben der zweifellos vorhandenen Krankheit auch noch ein schlechtes Gewissen ob seines offensichtlich ungeordneten Seelenhaushalts bescherte: Die Zahl derer, die wegen eines Magengeschwürs ärztlich angeordnete psychotherapeutische Nabelschau betrieben, ist wohl Legion. Erst seit der Entdeckung des Helicobacter pylori, eines Keims, der in 50% aller Menschen weltweit vorkommt und bei 10–20% seiner Träger Magen- und Zwölffingerdarmerkrankungen auslöst, wurde die automatisch verordnete Erforschung psychischer Ursachen bei Magenerkrankungen von der Verschreibung eines Antibiotikums abgelöst: 75% aller Magengeschwüre und praktisch alle Zwölffingerdarmgeschwüre gehen auf das Konto dieses Keims, der zwar schon 1983 entdeckt, aber längere Zeit nicht ernst genommen wurde, bis Warren und Marshall 2005 für ihre Arbeiten über dieses Bakterium sogar mit dem Medizinnobelpreis ausgezeichnet wurden.

Die Wut „weglaufen" und nicht altern?

Das aktuell gültige Verständnis der Geist-Körper-Einheit beruht zum einen auf unserem Wissen über das vegetative Nervensystem, das in stetiger Kommunikation mit vielen Organsystemen steht: der Sympathicus ist verantwortlich für Anspannung, der Parasympathicus für Entspannung und Erholung. Im Idealfall stehen beide Systeme im Gleichgewicht, ständige Belastung begünstigt die Sympathicus-Aktivität. Zum anderen gewinnt das stetig wachsende Wissen über Neuropsychoimmunologie, nämlich die Erkenntnis, dass Botenstoffe des Nervensystems auf unser Immunsystem wirken und Botenstoffe des Immunsystems auf unser Nervensystem, dass es also völlig „natürlich“ ist, sich als Kranker deprimiert zu fühlen und als Deprimierter infektionsanfälliger zu sein, immer mehr an Bedeutung. Diese Wechselwirkungen erklären auch, warum psychotherapeutische Behandlungen körperlich messbare Verbesserungen bewirken können und warum als belastend erlebter Stress Erkrankungen fördert (eine Erkenntnis, die so neu nicht ist: schon Louis Pasteur stellte 1878 fest, dass Hühner unter Stressbelastung eine höhere Infektionsanfälligkeit zeigen). Gut belegt ist der Zusammenhang von belastender Lebenssituation und vermehrter Cortisonausschüttung, die wiederum die Immunabwehr schwächt und eine Einfallspforte öffnet für die Unzahl an Keimen, denen wir täglich begegnen. Starke Hinweise gibt es auch auf einen Zusammenhang zwischen unterdrücktem Ärger und der verminderten Ausschüttung von Endorphinen, die als körpereigenes Belohnungssystem fungieren (möglicherweise ein Grund, warum sich Wut bei manchen über hochintensives Joggen und die dadurch ausgelöste Endorphinausschüttung „weglaufen“ lässt; diesbezüglich ist die Beweislage allerdings noch nicht eindeutig). Der Bereich der noch zu erforschenden Zusammenhänge ist riesig und könnte noch viele spannende Erkenntnisse bergen. Bekannt ist jedenfalls, dass psychische Belastungen sterile Entzündungen im Körper fördern und dass diese zum Teil subklinisch, das heißt unter der Wahrnehmungsschwelle, ablaufenden Entzündungen die wesentliche Ursache des Alterns darstellen.

Trotz allem allgemeingültigen Wissen über den Menschen als seelisch-geistig-körperliche Einheit können körperliche Symptome übermäßiger Belastung gänzlich unterschiedlich ausfallen und sich in unterschiedlichen Organsystemen manifestieren: Welches davon nun besonders anfällig ist, also das bevorzugte Stressorgan darstellt, ist vermutlich eine Frage der genetischen Ausstattung. Die unterschiedlich hohe Schwelle der Belastungstoleranz wiederum ist auch eine Frage des Temperaments: Optimisten und selbstwertstarke Persönlichkeiten haben jedenfalls in mehr als einer Hinsicht mehr vom Leben und eventuell, was der Ungerechtigkeit die Krone aufsetzt, auch ein längeres. Dass, laut einer 1999 veröffentlichten Studie, Menschen mit höherem Selbstwertgefühl nach einer Röteln-Infektion mehr Antikörper bilden und damit eher gegen eine neue Erkrankung gefeit sind als Selbstzweifler, ist hier wohl nur eine verschwindend kleine Facette eines faszinierenden Themas. Für die Medizin bedeutet jede neue Erkenntnis eine Bestätigung der alten, aber nicht immer hochgehaltenen Regel, dass nicht Krankheiten, sondern vielmehr kranke Menschen behandelt werden.

Psychosomatik: kranker Geist im kranken Körper

Nach Franz Alexander, einem ungarnstämmigen, in den USA praktizierenden und 1964 verstorbenen Psychoanalytiker und Arzt, werden auf dem großen Gebiet psychosomatischer Störungen drei Hauptgruppen unterschieden:

- Die erste davon ist diejenige, die uns am geläufigsten ist: Wer kennt nicht bei extremer Belastung das flaue Gefühl im Magen, das sich bis zum Brechreiz steigern kann, die Nervosität, die uns zwingt, die Toilette aufzusuchen, die schweißnassen Hände in angstbesetzten Situationen oder das Erröten, wenn wir peinlich berührt oder in heißer Wut sind. Diese Störungen sind in der Regel flüchtig und so „normal", dass sie den Betroffenen nur in den seltensten Fällen zum Arzt treiben, in der Regel klingen sie nach dem Ende der Belastung ja auch prompt ab.

Anders verhält es sich mit der zweite Gruppe, den so genannten funktionellen oder somatoformen Störungen: Hier leiden in der Regel mehrere, der Patient sowieso, aber auch der Arzt, dem es nicht gelingt, den ersehnten Nachweis der körperlichen Erkrankung zu liefern, der vom Patienten als unfähiger Ignorant beschimpft und zu immer neuen Untersuchungsanordnungen genötigt wird und der regelhaft daran scheitert, dem Patienten eine psychische Problematik als Ursache der körperlich verorteten Missempfindungen oder Funktionsstörungen schmackhaft zu machen.

Im Diagnosemanual der WHO, der ICD-10, werden als Charakteristikum die wiederholte Darbietung körperlicher Symptome und die hartnäckige Forderung nach weiteren medizinischen Untersuchungen genannt, obwohl alle bisherigen Untersuchungsergebnisse die Beschwerden nicht erklären konnten und/oder einen Normalbefund erbrachten. Laut ICD-10 „widersetzen" sich die Patienten den Versuchen, psychische Ursachen zu diskutieren (eine Diktion, die fast an die moralisierenden Wertungen früherer Krankheitserklärungsmodelle gemahnt), es liegt ein „aufmerksamkeitssuchendes Verhalten" vor, das Ergebnis der unzähligen Konsultationen bleibt jedenfalls für Arzt und Patienten gleichermaßen enttäuschend. Geht man davon aus, dass sich hauptsächlich unterdrückte Gefühle ihren Weg auf der körperlichen

Ebene bahnen, ist ein solches Verhalten vonseiten des Patienten jedenfalls nicht wirklich verwunderlich: Wäre er in der Lage, seine Emotionen als solche unverblümt wahrzunehmen, ihnen Raum zu geben und Luft zu machen, säße er vermutlich nicht in dieser vertrackten Situation beim zwanzigsten „Arzt seines Vertrauens" und wäre nicht gerade damit beschäftigt, auch diesem, wie allen seinen Vorgängern, das Vertrauen zu entziehen. Zumeist sind diese Patienten schon im Vorfeld leicht erkennbar, weil sie ihren gerade neu auserkorenen Behandler mit einer derartigen Menge an Vorschusslorbeeren umkränzen („*Sie* sind die Koryphäe, die mir genannt wurde, nur *Sie* werden erkennen können, was mir fehlt, Ihre Kollegen sind schon alle an mir gescheitert, aber die hatten eben auch nicht *Ihr* umfassendes Wissen und schon gar nicht *Ihren* legendären Ruf…"), dass nur gänzlich unerfahrene oder selbst nicht ganz unauffällige Mediziner bei solchem Lob nicht sofort unter bösen Vorahnungen zu leiden beginnen (besonders anfällig für solcherart lorbeerbedingte Verblindung sind narzisstisch disponierte Kapazitäten, die hier nun endlich in all ihrer Grandiosität erkannt zu werden vermeinen; die Kehrseite der unvermeidlich folgenden bilateralen Desillusionierung ist natürlich die umfassende Verdammung des verbohrt-uneinsichtigen Patienten). Geholfen ist damit selbstredend niemandem, einziger Trost (für den Arzt) die Tatsache, dass es wirklich äußerst schwierig ist, Menschen, die die Wahrnehmung ihrer Gefühle unbewusst, aber mit aller Macht verhindern, an eben diese Wahrnehmung heranzuführen und damit ein bisher verschlossenes Ventil zu öffnen; umso schwieriger, wenn ein sehr rigider verinnerlichter

Moralkodex und ein ausgeprägtes Bedürfnis nach sozialer Anpassung jede heftigere Emotion als viel zu gefährlich tabuisieren. Die Methode der Wahl wäre wohl, den Patienten in seinem Leiden glaubhaft ernst zu nehmen und ihm über eine äußerst vorsichtige Wortwahl (die Zuschreibung von „hoher Stressbelastung" wird von den meisten so gerne angenommen wie Lob) Aufmerksamkeit und Entlastung gleichermaßen zukommen zu lassen. Sehr empfehlenswert, aber wohl nur Fortgeschrittenen verschreibbar, wäre auch ein Emotionstraining, das den Betroffenen lehren soll, seine Gefühle überhaupt zu identifizieren, zu benennen und ihnen in der Folge auch einen adäquaten Ausdruck zu geben.

Die dritte Gruppe ist diejenige der psychosomatischen Erkrankungen im engeren Sinn, also psychisch mitverursachter Symptome, die zu messbaren Veränderungen und Schädigungen an Organen geführt haben. Die Liste der davon möglicherweise betroffenen Körperbereiche ist lang, je nach individuell anfälligstem Stressorgan kann jedes Organsystem betroffen sein.

Unmittelbar nachvollziehbar und allgemein bekannt ist die Veränderung des Blutdrucks. Dieser ist ein funktioneller Wert, was bedeutet, dass er, je nach Verfasstheit, wandelbar ist und sich unterschiedlichen Bedürfnissen anpasst, unter körperlicher und seelischer Belastung steigt (wodurch mehr Blut in den Körper gepumpt wird und dort mehr Sauerstoff bzw. Energie zur Verfügung steht). Bei körperlicher Anstrengung ist das ein durchaus sinnvoller Mechanismus, bei seelischer Anspannung, die sich nicht entladen kann, eine sinnlose Einbahn: wenn das Blut in den Adern kocht, wenn es in Wallung gerät und die Adern anschwellen, sollte die geballte Energie irgendwohin abgeführt werden können. Bluthochdruck, das heißt die unphysiologische, vom Anlass losgelöste Erhöhung des Drucks, ist eine der häufigsten (Zivilisations-) Krankheiten und steht in enger Verbindung mit chronischem Stress und chronisch unterdrücktem Ärger. Der Blutdruck steigt zwar auch bei Angst (an sich sinnvoll, es stünde mehr Energie für eine notwendige Flucht zur Verfügung), aber nicht so stark wie bei Wut und Ärger: Menschen, die Ärger konstant unterdrücken, entwickeln leichter eine fixierte Hypertonie und sterben früher. Wer nicht lernt, seiner Wut Raum und Luft zu geben, läuft also Gefahr, daran zu sterben.

Ein weiteres, häufig betroffenes Organsystem ist die Atmung. Der Atem, immer wieder synonym gebraucht für Seele, Geist, ist äußerst anfällig für emotionale Belastung: Es verschlägt uns vor Ärger den Atem, wir schnauben vor Wut, lassen Dampf ab und machen – hoffentlich – unserem Ärger Luft. Als psychosomatische Erkrankung im engeren Sinn gilt das allergische Asthma, dessen Genese allerdings multifaktoriell und nicht ausreichend geklärt ist. Zu vermuten sind Zusammenhänge zwischen einer gestörten Reaktionsbereitschaft des Immunsystems und biografischen Entwicklungen, wobei letztendlich unklar bleibt, was beim Einen früher und beim Anderen später die Entgleisung in die Erkrankung bewirkt.

Das Verdauungssystem ist eine Welt für sich und verfügt sogar über ein eigenes Nervensystem, eine Art „zweites Gehirn", das natürlich nicht autonom schaltet und waltet, sondern mit dem Rest des Körpers (inklusive Gehirn) in ständiger Kommunikation steht. Funktionelle, also situationsgebundene, Beschwerden sind in diesem Bereich des Körpers häufig, der so genannte Reizmagen ein ständiger Begleiter vieler Menschen, bei denen Gefühle eher „durch den Magen gehen", als dass sie an den Auslöser adressiert werden. Ein wahrlich faszinierendes und in seiner Komplexität nur unzureichend erforschtes Organ ist die Haut. Haut und zentrales Nervensystem entstammen entwicklungsgeschichtlich demselben Keimblatt, sind also weit enger verwandt als man es vermuten würde. Mit knapp 2 m^2 ist die Haut überdies unser größtes Organ und bestimmt so wie kein anderes unseren Kontakt zur Umwelt und das Bild, das wir anderen zeigen. Hier spiegeln sich unsere Emotionen ohne unser Zutun im Erröten und im Erblassen, in der Gänsehaut und im Schweiß der Angst, hier kann ungelebtes Empfinden so wie nirgends sonst direkt sichtbar werden und unsere Interaktion mit anderen beeinträchtigen: Wer sich in seiner Haut nicht wohl fühlt, hat in der Regel gute Gründe dafür.

Fallbeispiel: Die arme Haut

Frau H. war glückliche Besitzerin einer Vorzeigefamilie, so nannte man das wohl, auch in ihren Kreisen: gut aussehender, beruflich unglaublich erfolgreicher Ehemann, zwei gesunde, kluge, interessierte, artige Kinder (ein Bub und ein Mädchen, wie gewünscht), großes Haus in bester Lage, keine finanziellen Sorgen, wunderschöne Urlaube, scheinbar keine offenen Wün-

sche. Sie hatte ihren Mann während des gemeinsamen Studiums kennengelernt und kurz nach Abschluss geheiratet, beide hatten begonnen, sich beruflich zu etablieren. Dann kam, ganz im Sinn der besprochenen Familienplanung, das erste Kind und gleichzeitig eine tolle berufliche Aufstiegsmöglichkeit für den Mann. Es war klar, dass sie zu Hause blieb und das Kind versorgte, und weil der Abstand nicht zu groß sein sollte, kam dann bald das zweite Kind und damit eine noch längere Karenz. Frau H. war nicht unglücklich mit ihrer Lage, wie sollte sie auch, das wäre wirklich eine große Undankbarkeit gewesen gegenüber ihrem Schicksal. Allerdings war der Mann immer seltener zu Hause, berufsbedingt natürlich, und schon gar nicht konnte er an den diversen Schulfesten und Abschlussfeiern der Kinder teilnehmen oder die Geburtstage freihalten, berufliche Termine richteten sich eben nicht nach familiären Erfordernissen, ein Fernbleiben von Firmenverpflichtungen wäre als Desinteresse interpretiert worden und hätte jedenfalls als Karrierehemmnis gewirkt. Aber es gab ja die Urlaube, wo man als Familie zusammen war. Allerdings wurden auch diese Urlaube zunehmend gestört durch stundenlange Telefonate und E-Mail-Verkehr, irgendwie beschlich Frau H. langsam ein deutliches Unbehagen und eine leise Wut, wenn er schon wieder mitten in einem Gespräch aufsprang, um ein „wichtiges Telefonat" zu führen. Diplomatische Versuche, zumindest ungestörte Mahlzeiten zu erwirken, wurden von ihrem Mann äußerst verständnisvoll, aber bedauernd zurückgewiesen, wobei Frau H. den Eindruck nicht los wurde, dass er sie für etwas be-

schränkt hielt: Sie, die ja keinerlei Erfahrung mit den Regeln des höheren Managements hatte, konnte natürlich nicht wissen, dass man solch ein wichtiges Telefonat unmöglich unter Hinweis auf ein Familienabendessen abbrechen konnte. Irritierend fand sie auch, dass er ihr zwar freundlich die Bedingungen seines Erfolgs erklärte, aber durchaus darauf verwies, dass sie von diesem Erfolg ganz gut lebte und daher eigentlich kein Recht hatte, ihm Vorhaltungen zu machen. Das ärgerte sie, einerseits, weil sie nicht für dumm verkauft werden wollte, andererseits, weil er ihr ja keine Wahl gelassen hatte mit seiner Karriereplanung und jetzt ganz selbstverständlich annahm, dass seine Entscheidung von keinem vernünftigen Menschen angezweifelt werden konnte.

Frau H. saß in der Klemme und sämtliche Versuche, sich mit anderen zu besprechen, halfen ihr nicht heraus. Ihre Eltern konnten überhaupt nicht verstehen, was sie eigentlich meinte, und warfen ihr Undankbarkeit und Egoismus vor, ermahnten sie aber, sich ihrer guten Erziehung zu erinnern und nur ja nichts Unbedachtes oder gar Drastisches zu tun: In ihrem Elternhaus war doch nie gestritten worden, was man nicht in aller Freundlichkeit ausreden konnte, das musste man eben akzeptieren. Manche Freundinnen taten zwar verständnisvoll, wirkten aber irgendwie ganz erleichtert, dass es ihr nicht so gut ging (das waren die, die sie schon zuvor bisweilen des Neids verdächtigt hatte), andere empfahlen rundweg die Trennung und eine Reihe von Selbstfindungsseminaren (das waren die, die in ihren eigenen Beziehungen gescheitert waren und seitdem zwischen Meditieren in den archaischen Kraftfeldern des Mühlviertels und Fußsohlenatmung im Waldviertel pendelten), andere meinten, sie solle sich eben pragmatisch mit der Situation arrangieren und notfalls einen Liebhaber zulegen (das waren die, die ihren eigenen Rat selbst konsequent beherzigten), wieder andere verwiesen sie an Psychotherapeuten, bei denen sie sich deplatziert vorkam. Sie hatte keine Lebenskrise, sie hatte eine immer größer werdende Wut auf ihren Mann, der seine Prioritäten offenbar für sich so definiert hatte, dass sie und die Kinder irgendwo unter „ferner liefen" abgeschlagen ab Platz siebenundzwanzig rangierten, sie fühlte sich nicht als hilfloses Opfer, sondern schlicht unpassend behandelt und beschloss, ihrem Mann gründlich und deutlich ihre Meinung zu sagen. Das Unternehmen schlug fehl: einziges Ergebnis war eine unproduktive lautstarke Streiterei und die Erkenntnis, dass er nicht im Traum daran dachte, ihren Standpunkt zu verstehen. Frau H., pragmatisch wie sie war, entschied, dass sie wohl an der Situation nichts ändern konnte und das Beste daraus machen sollte, was bedeutete, dass sie ihren Ärger archivierte und kein Wort mehr darüber verlor. Seltsamerweise begannen nun ihre Träume: Fast jede Nacht fuhr sie mit ihrem Mann in einem klapprigen Bus durch die afrikanische Steppe, bis sie auf einer Art Aussichtsplattform mit einer einzeln stehenden Schirmakazie anlangten. Sie stiegen aus, der Bus fuhr davon, und aus einer mächtigen Staubwolke tauchte ein bedrohlich wirkendes Fahrzeug auf, ähnlich wie ein Hummer, diese übergroßen amerikanischen Geländewagen, ne-

ben denen man sich wie ein Liliputaner vorkam. Das Auto war, bis auf das viele Chrom, durch und durch schwarz, auch die Scheiben waren schwarz und von außen undurchsichtig. Es hielt neben ihnen, die Tür der Beifahrerseite wurde geöffnet, dahinter befand sich eine zweite Tür aus glänzendem Lochblech, und heraus strömte eisige Kälte. Die Situation machte ihr Angst, und als sie sich zu ihrem Mann umdrehte, bedeutete ihr der, dass sie nun einsteigen solle. An diesem Punkt stieg, trotz der Angst, in ihr eine grandiose Wut hoch auf ihn, der ihr so eine Situation zumutete, anstatt sie zu beschützen, und damit wachte sie immer auf. Nach einigen Wochen mit allnächtlichen unfreiwilligen Ausflügen in die Savanne beschloss Frau H., dass der Spuk ein Ende haben musste, und besorgte sich von ihrem Hausarzt ein Schlafmittel. Nun schlief sie tief und traumlos, das Thema war erledigt. Eigentlich war nun alles wieder im Lot: Ihr Mann, offenbar überzeugt, dass sie vernünftig geworden war, verhielt sich wie eh und je, man trat gemeinsam bei gesellschaftlichen Ereignissen auf (das waren fast die einzigen gemeinsamen Unternehmungen), sie „repräsentierte" gut, er war stolz auf sie und zeigte sie gern her. So lange, bis sich ihre Haut zu verändern begann: Es war wie verhext, sie bekam überall rote Flecken, leuchtend rot und unübersehbar, und gelegentlich waren diese Flecken durchsetzt mit wässrigen Pusteln. „Überall" war eigentlich nicht richtig; die Flecken erschienen nur im Gesicht, im Dekolleté, an den Armen und an den Unterschenkeln, also an den Körperteilen, die man fast zwingend offen zeigte, wenn man sich nicht von Kopf bis Fuß verhüllen wollte. Frau H. konsultierte einen Hautarzt nach dem anderen, jeder hatte eine andere Diagnose, bis auf die wenigen, die ratlos waren und das auch sagten. Alle verschrieben Cortison-Salben, womit die Situation sich zwar verbesserte, aber nur, solange sie die Cremes regelmäßig auftrug. Kaum hörte sie damit auf, waren die Flecken wieder da. Es war eine mühselige Prozedur, alles repräsentationstauglich zu überschminken, und ihr Mann war alles andere als erbaut: Irgendwie riefen Hauterkrankungen fast zwangsläufig Assoziationen von Ungepflegtheit oder Schlimmerem hervor, jedenfalls nichts, was er sich in seinem beruflichen Milieu leisten konnte und wollte, herzeigbar war sie so jedenfalls nicht mehr. Er absolvierte seine Termine zunehmend alleine, sie, vormals tüchtig, praktisch, selbstvertrauend, zog sich immer mehr zurück und wurde schließlich mit der Diagnose einer chronischen, therapieresistenten Depression Stammkundin der Sonderklasseabteilung in der lokalen psychiatrischen Klinik. Von ihren Bekannten wurde sie pflichtgemäß bedauert, aber noch mehr bedauert wurde ihr Mann, der mit einer psychisch labilen Gattin belastet war. Fast noch mehr wurde er bewundert dafür, dass er es trotzdem schaffte, seinen beruflichen Erfolg fortzusetzen. Geradezu heiliggesprochen wurde er für seine Entscheidung, sich nicht von seiner Frau zu trennen. Dass er gelegentlich eine „kleine Freundin“ hatte, musste man wohl verstehen: Bei so viel beruflichem Druck und privater Misere brauchte doch jeder bisweilen ein bisschen Entspannung und Unbeschwertheit.

So weit kann es kommen: Rumpelstilzchen

Wut auf andere, nach innen gekehrt, verleugnet, ignoriert, „verboten", kann im wahrsten Sinn des Wortes aus allen Poren dringen, zum Parasiten werden und ihren Wirt unwiderruflich schädigen. Wut, die keinen Adressaten findet oder sich tobend gegen den Empfindenden selbst richtet, ist um nichts gesünder: Uns allen ist vermutlich das 1815 von den Gebrüdern Grimm veröffentlichte Märchen vom Rumpelstilzchen geläufig, dem übelmeinenden Zwerg, der sich die Gier des Müllers nach Ruhm, Ehre und Geld zu Nutze macht und von der vom eigenen Vater als Vehikel seiner Bedürfnisse missbrauchten Müllerstochter (weil sie mit Hilfe des Zwergs Stroh zu Gold spinnen kann, nimmt sie der König zur Frau) ihr erstgeborenes Kind erpresst. Aus der Zwickmühle, ihren Teil des eingegangenen Handels zu leisten und das Kind abzuliefern, wird sie von einem Boten erlöst, der ihr den Namen des Zwergs nennt, sie damit in die Lage versetzt, eine vermeintlich unlösbare Aufgabe zu lösen und sich der eingegangenen Verpflichtung zu entziehen. Das Männchen, siegessicher und gänzlich frei von Mitleid, gerät darüber so in Rage, dass es sich selbst zerreißt und somit mit Fug und Recht als eines der ersten beschriebenen Opfer psychosomatisch manifestierter Wut gelten darf. Was die vormalige Müllerstochter ihrerseits mit ihrer Wut auf den gierigen Vater, den ebenso gierigen Ehemann und den erpresserischen Zwerg anstellte, wurde von den Gebrüdern Grimm nicht überliefert. Vielleicht war es ihr ausreichend Genugtuung, als einzige alle(s) zu durchschauen.

Wut – und sonst nichts mehr

Gefühle sind universell

Zweifellos zählt die Wut zu den Gefühlen, kann also auch Grundlage eines Affekts sein, der weiter reicht als das Gefühl selbst. Affekt ist zumeist intensiv und inkludiert den Ausdruck der Emotion, wird also auch als „heftige Gemütsbewegung“ bezeichnet und über die Dimension des Empfindens definiert. Charles Darwin befasste sich ausführlich mit der Beschreibung des Ausdrucks von Gefühlen bei Tier und Mensch und vertrat die Ansicht, dass sich Ausdrucksmuster, die ursprünglich nur Gewohnheiten waren, aber nützlich, um die Kommunikation zu verbessern, im Lauf der Evolution in die genetischen Codes einschrieben und damit zu universellen Mustern wurden. Seine Ansichten wurden später durch den Psychologen Paul Ekman wissenschaftlich erforscht und teilweise empirisch belegt. Ekman unterscheidet sieben Basisemotionen (Fröhlichkeit, Wut, Ekel, Furcht, Verachtung, Traurigkeit und Überraschung) und konnte Hinweise darauf finden, dass der menschliche Ausdruck dafür in allen Kulturen ident sei, dass es also weltumspannend möglich sei, Gesichtsausdrücke zutreffend zu identifizieren und das Gegenüber zu „lesen", auch wenn zuvor kein Austausch mit anderen Kulturen stattgefunden hat.

1966 untersuchte Ekman seine Theorie bei Ureinwohnern von Papua-Neuguinea und konnte feststellen, dass es den bis dahin völlig abgeschieden lebenden Probanden problemlos gelang, fotografierten Gesichtsausdrücken die korrekten Emotionen zuzuordnen. Die Mimik ist die einzige wirkliche Universalsprache, oft weit beredter als Worte und zudem relativ verfälschungssicher: Dem Menschen ist das beherrschende Gefühl ins Gesicht geschrieben, ob er will oder nicht. Falls wir unser Leben großteils in einer speziellen Gestimmtheit verbringen, können sich die normalerweise passageren Emotionen auch so in unser Gesicht eingraben, dass sie zum fixierten Ausdruck werden und dann nicht nur eine vorübergehende griesgrämige oder verächtliche Miene präsentieren, sondern einen ins Gesicht geschriebenen Charakter: George Orwell meinte diesbezüglich sehr treffend, dass jeder mit Fünfzig das Gesicht habe, das er verdiene, eine Weisheit, die man vielleicht bedenken und beherzigen sollte.

Gefühle sorgen für neuronale Entladungen im Gehirn, die korrespondierende Muskelgruppen stimulieren und bei bestimmten Emotionen bestimmte Gesichtsausdrücke bedingen, und zwar unabhängig davon, ob jemand in Japan, in Grönland, im Kongo oder in Italien beheimatet ist. Wut erkennen wir weltweit an heruntergezogenen Augenbrauen, zusammengekniffenen Augen, weit geblähten Nasenflügeln und zusammengepressten Lippen.

Die Wut beherrschen

Wir haben vermutlich alle schon die Erfahrung gemacht, dass es manchen ganz gut gelingt, diese Art der Kommunikation zumindest teilweise zu unterdrücken: Gesellschaftliche Zwänge, kluges Vermeiden vermeidbarer Komplikationen, Höflichkeit oder beabsichtigte Täuschung lassen es bisweilen angebracht erscheinen, sein Gesicht „im Griff" zu haben; wir lächeln wütend (Shakespeare warnte „Es mag einer lächeln, und lächeln, und ein Schurke sein"), heucheln Verständnis und Mitgefühl und machen überrascht große Augen, obwohl uns die „Überraschung" weder freut noch neu ist. Allerdings sind manche Fachleute davon überzeugt, dass das selbst dem Beherrschtesten nicht vollständig gelingt: Irgendein noch so kleines Detail der Mimik verrät uns immer, wenn das Gegenüber nur ausreichend genau darauf achtet (und nicht zu sehr mit der eigenen Emotion beschäftigt ist, um den anderen wirklich aufmerksam wahrzunehmen). So unterscheidet sich beispielsweise vorgetäuschtes von echtem Lächeln durch die fehlende Beteiligung der Augenmuskeln, die entspannt bleiben und daher nicht die typischen „Lachfalten" entstehen lassen.

Besonders reizvoll scheint die Kenntnis der minimalen Unterscheidungsmerkmale dann, wenn es ums Lügen geht: Wer möchte nicht erkennen können, ob sein Gegenüber ihm eine Geschichte auftischt oder die Wahrheit erzählt, wer möchte es mit mehr Berechtigung erkennen können als ein Vernehmungsbeamter, der sich mit einem nicht geständigen Verdächtigen abplagt? Paul Ekman unterrichtet Polizei und Fachkräfte im „Lesen" von Gesichtern und sieht es als Fahrlässigkeit, dieses Wissen nicht einzusetzen. Einem breiten Publikum bekannt wurde die Thematik über die Fernsehserie „Lie to me", in der ein fiktives Double von Ekman mit speziellen Kenntnissen der Polizei beim Lösen ihrer Fälle hilft.

Die Wut macht sich Luft

So wie mit anderen Emotionen ist es also auch bei der Wut möglich, sie nicht völlig offen zu zeigen, sie sich nicht allzu deutlich anmerken zu lassen und in sich zu verschließen, was bisweilen aus strategischen Gründen und gesellschaftlicher Räson durchaus sinnvoll sein kann. Im Normalfall ist uns dabei allerdings eindeutig bewusst, dass wir eigentlich wütend sind, dass wir dem anderen jetzt ganz gern viel Unfreundliches sagen würden, und auch mit einer wesentlich lauteren Stimme: Nur wer seine eigene Emotion kennt und erkennt, kann sie bewusst verbergen. Üblicherweise nehmen wir uns dann in unbeobachteten Momenten die Freiheit, den „Dampf abzulassen", indem wir im Idealfall, je nach Heftigkeit der Erregung, innerlich Unfreundliches formulieren, mehr oder weniger verhalten schimpfen oder unbelebte Objekte attackieren und in einem nicht so idealen Szenario unsere Wut an unbeteiligten und daher unschuldigen Anderen stellvertretend auslassen. Wenn dann schon etwas Dampf abgelassen wurde, kann die Wut auch Anlass sein, die eigenen Strategien zu überdenken und weiter reichende Überlegungen anzustellen, die dann vielleicht eine Veränderung einleiten und die Wahrscheinlichkeit einer Wiederholung reduzieren. Auch hier ist es also vorteilhaft, sich selbst zu „erkennen", sich und seine Gefühle ernst zu nehmen und nach dem Abkühlen über den Tellerrand der zuvor kochend heißen und dampfenden Suppe hinauszuschauen. Wiederholung kann zwar prinzipiell Gewöhnung schaffen und Abstumpfung, unangenehmer Weise trifft das aber gerade auf die Wut kaum zu: Falls sie gerechtfertigt ist und sich auf wesentliche Belange bezieht, rumort sie in uns weiter und kann sich, manchmal sogar für uns selbst überraschend, ein Ventil schaffen. Im Extremfall sitzt dann ein Mensch in einer Gerichtsverhandlung und muss sich für eine Tat verantworten, die er sich noch Monate zuvor nie zugetraut hätte, die ihm aber auch kein anderer zugetraut hätte und die dennoch so furchtbar war, dass alle nach Erklärungen suchen und schließlich überzeugt sind, dass über den armen Mann ganz plötzlich irgendeine furchtbare Krankheit hereingebrochen sein muss, die ihm den Verstand geraubt hat. Wenn sich in der Begutachtung keine finden lässt, dann war es der Alkohol (häufig genug ist Alkohol bei Aggressionsdelikten mit im Spiel, und zwar sowohl beim Täter als auch beim Opfer). Wenn auch die Alkoholisierung nicht ausreicht, um eine plötzliche rasende Verwirrtheit zu erklären, bleibt nur noch eine mögliche Erklärung: es handelt sich um ein Affektdelikt.

Nun ist es zweifellos richtig, dass, außer bei den in unseren Breiten nicht sehr häufig anzutreffenden Berufskillern, Affekte bei Aggressionsdelikten oft eine entscheidende Rolle spielen. Wer nicht aus Berechnung, aus Gier, aus lang gehegtem Hass oder im Rahmen einer Perversion tötet, tut dies zumeist in der Rage, die aus einem mehr oder weniger langen, oft von beiden Beteiligten aufrecht erhaltenen Konflikt entsteht. So gesehen ist es eigentlich wenig verwunderlich, dass es immer wieder die Sanftmütigen sind, diejenigen, die noch nie schreiend und tobend auf sich aufmerksam gemacht und damit auch nie vermittelt haben, dass die Grenze ihrer Belastbarkeit erreicht ist, die schließlich zum Entsetzen all derer, die sie so gut zu kennen vermeinten, mit einem Delikt einen massiven Schlusspunkt hinter eine lange Geschichte von Kränkung, Demütigung und nicht gelebter Wut setzen. Auch wenn der Affekt bei genauerer Kenntnis der Vorgeschichte verständlich sein mag und sich dann manch einer fragt, warum hier nicht schon viel früher Konsequenzen gezogen wurden: Schuldunfähigkeit ist in solchen Konstellationen selten und kann nur dann zugeschrieben werden, wenn der Täter in der Tat keinerlei bewussten Einfluss mehr hatte auf ein Handeln. Weit häufiger sind solche Tathandlungen zwar logisch erklärbar und zumindest bis zu einem gewissen Grad nachvollziehbar, aber eher im Sinne einer finalen Bilanz zu sehen, die ein jahrelang Gekränkter, aber nie offen Wütender aus einer Beziehungsgeschichte zieht, der er sich nicht früher auf taugliche Weise entzogen hat (wenn er es nicht gekonnt hätte, wäre er schuldunfähig oder zumindest sehr eingeschränkt schuldfähig, genau das ist er aber nicht; es hätte ihn mehr inneren Aufwand gekostet als manch anderen, aber er hätte es gekonnt). Wenn in einer solchen Tat auch nur der geringste Anteil an Planung, an vorausschauendem Handeln sichtbar wird, handelt es sich zwar um ein Delikt, bei dem ein zu lange ignorierter Affekt eine entscheidende Rolle spielt, ein Affektdelikt im engeren Sinn liegt dann allerdings nicht vor.

Fallbeispiel: Der Anständige

Herr A. war ein ehrenwerter Mann. Er entstammte einer ehrenwerten Familie, schon seine Großeltern waren angesehene Bürger der Kleinstadt gewesen und die Betreiber des einzigen lokalen Elektrofachbetriebs, sodass sie jeden irgendwann einmal zu ihrer Kundschaft zählen konnten und mit allen bekannt waren. Der einzige Sohn, A.s Vater, übernahm nach deren Pensionierung den Laden und führte diesen gemeinsam mit seiner Frau. Auch der Vater war ein angesehener Mann, freundlich, wohlgelitten, wenngleich nicht sehr geschäftstüchtig. Um die Geschäftsbelange kümmerte sich seine Frau, die zwar respektiert, aber auch gefürchtet wurde, da sie offensichtlich in der Familie den Ton angab und in bisweilen recht harscher und brüsker Art ihre Meinung durchsetzte. Allerdings konnte auch diese resolute Frau den Niedergang des Geschäfts nicht verhindern, nachdem sich rundherum Großmärkte als übermächtige Konkurrenz anzusiedeln begannen. Die Firma musste Konkurs anmelden, obwohl Herr A. auf Betreiben seiner Mutter und gegen seine Interessen eine einschlägige Lehrausbildung bis zur Meisterprüfung absolviert hatte. Einzig beim Thema der Partnerschaft hatte sich Herr A. durchgesetzt und eine Frau geheiratet, die so gar nicht nach dem Geschmack der Mutter war, vielleicht, weil sie ihr sehr ähnelte und so wie sie gerne den Ton angab, was zu vielen hässlichen Szenen zwischen den beiden Frauen führte, umso mehr, als beide im Betrieb tätig waren. Frieden gab es nur kurze Zeit, als der Betrieb unrettbar verloren war: Das Haus wurde mitsamt Geschäftslokal von einem älteren Ehepaar aufgekauft, als Anlageobjekt zur Aufbesserung der Pensionseinkünfte. Herr A. hegte schon die Hoffnung, nun endlich einen anderen Beruf ergreifen zu können – für die von ihm gewünschte Ausbildung war es noch nicht wirklich zu spät –, er hatte aber nicht mit seiner Mutter gerechnet. Diese konnte den geschäftlichen Niedergang nicht verwinden und setzte sich schließlich in den Kopf, dass Herr A. nun zwar nicht einen Elektrofachhandel, wohl aber einen Elektroinstallateurbetrieb eröffnen könnte, das ursprüngliche Geschäftslokal war ja immer noch unvermietet. Die Schmach des Konkurses konnte also getilgt und die Familienehre wiederhergestellt werden. Die Mutter wurde mit dem älteren Ehepaar schnell handelseins, man einigte sich auf eine Leibrente und ehe man sichs versah, fand sich Herr A. mit einem Betrieb wieder, den er so eigentlich nie gewollt hatte.

Herr A. fügte sich in sein Schicksal, tolerierte, dass sich die Mutter beständig in seinem Geschäftslokal aufhielt und die Kundenkontakte pflegte (aus ihrer Sicht eine sehr weise Entscheidung, da sie ja die meisten po-

tenziellen Kunden schon lange kannte), und verhielt sich in den schon bald wieder eskalierenden Konflikten zwischen seiner Frau und seiner Mutter zurückhaltend und passiv bzw. versuchte, beiden recht zu geben und keiner zu widersprechen, was trotz seiner offensichtlichen Gutmütigkeit und friedliebenden Art aber nicht den gewünschten Erfolg, eben den von ihm heiß ersehnten Frieden, brachte. Es war zum Verzweifeln: War er im Geschäft, wurde er von der Mutter gedrängt, die Frau in ihre Schranken zu weisen, war er nach der Arbeit zu Hause, wurde er von der Frau gedrängt, die Mutter endlich aus dem Geschäft zu entfernen und sich wie ein erwachsener Mann zu verhalten. Zu allem Überfluss gingen die Geschäfte auch mit dem neuen Betrieb schlecht. Von einem soliden Einkommen konnte keine Rede sein, es war gerade genug da, um über die Runden zu kommen und diese Leibrente zu bezahlen, ein Faktum, das zur Unzufriedenheit seiner Frau beitrug. Diese vertrat die Meinung, dass die Mutter mit ihrer sehr altmodischen Geschäftsgebarung einem Erfolg des Betriebs im Weg stand und verlangte von Herrn A. immer drängender eine klare Entscheidung. Als Herr A. sich weiterhin jeder potenziell konfliktträchtigen und damit bedrohlichen Positionierung entzog, begann die Frau, sich von ihm abzuwenden, legte sich einen Freund zu und lebte, was Herrn A. unendlich peinlich war, diese Außenbeziehung ziemlich offen und schamlos. An Frieden war nun nicht mehr zu denken, die Mutter hatte nun erst recht gute Gründe, gegen die von Anfang an verhasste Schwiegertochter zu wettern. Herr A. konnte sich auf gar nichts mehr konzentrieren, die Geschäfte liefen immer schlechter, die Frau vernachlässigte die Buchhaltung, die Mutter beklagte sich bei allen Kunden, was sie nicht für einen Waschlappen als Sohn herangezogen hatte (was wiederum dazu führte, dass die ohnehin viel zu raren Kunden peinlich berührt das Geschäft verließen), kurzum, der neuerliche Konkurs schien unausweichlich. Als die Mutter dies in einem der wenigen Momente, in denen sie nicht ausschließlich mit dem Thema der Schwiegertochter beschäftigt war, bemerkte, intensivierte sie ihren Druck auf den Sohn und verlangte von ihm nicht weniger, als dass er einen Weg finden müsse, den Konkurs abzuwenden: Wenn er sich schon im Privaten als dermaßen unmännlich und durchsetzungsunfähig erwiesen habe, müsse er wenigstens im Geschäftsleben seinen Mann stehen. Herr A. dachte an vieles, u. a. daran, nach Australien auszuwandern, konnte aber für nichts die nötige Entschlusskraft aufbringen und saß in der Falle.

Eines Tages kam die Frau noch später als üblich von ihrem Freund nach Hause und eröffnete Herrn A., dass es ihr nun reiche. Sie habe lange genug in einer unerträglichen Situation gelebt, sie werde nicht jünger, sie habe nun beschlossen, die Scheidung einzureichen und ihn zu verlassen. Der Zeitpunkt war ungünstig, just an diesem Tag hatte Herr A. erfahren, dass der Konkurs unmittelbar bevorstand, wobei der wesentlichste Teil der Schulden aus der schon die längste Zeit nicht mehr bezahlten Leibrente stammte, die von der mittlerweile verwitweten Besitzerin des Geschäftslokals mit Vehemenz eingefordert wurde. Herr A. hatte an diesem Nachmittag einen für seine Verhältnisse ungewöhnlich wagemutigen Versuch unternommen, das Ruder herumzureißen, war zu der mittlerweile im Altersheim wohnhaften älteren Dame gefahren und hatte diese inständig gebeten, von ihren Forderungen vorerst noch einmal Abstand zu nehmen, was sie ihm rundweg abgeschlagen hatte. Seitdem hatte Herr A. dumpf brütend zu Hause gesessen und überlegt, wie er seiner Frau diese Neuigkeiten beibringen sollte, als sie ihm nun ihrerseits ganz andere Neuigkeiten beibrachte. Herr A. reagierte wie gewöhnlich, nämlich indem er nichts tat, er sah seiner Frau zu, wie sie einige Habseligkeiten zusammenpackte, hörte ihre Ankündigung, dass sie am Folgetag den gemeinsamen Haushalt und die Ehe für immer hinter sich lassen werde, sah ihr zu, als sie sich zur Nacht fertig machte und ließ sie zu Bett gehen.

Dann bewies Herr A. nach sehr langer Zeit Entschlusskraft, indem er das Schlafzimmer betrat und seine schlafende Frau erwürgte. Anschließend bahrte er sie sorgfältig auf, bettete ihren Kopf auf ein glatt gestrichenes Kissen, faltete ihre Hände, schminkte die Tote und zog ihr die Decke bis unter das Kinn, um die Würgemale zu überdecken. Anschließend betrat er die Küche, suchte ein möglichst scharfes Messer aus und machte sich mit dem Fahrrad auf den Weg zum Altenheim. Da es schon reichlich spät war, wollte man ihn dort zuerst nicht vorlassen, Herr A. konnte aber schließlich das Personal davon überzeugen, dass er mit der alten Dame diesen späten Besuch vereinbart habe, sie habe sich, seine Anfragen betreffend, Bedenkzeit erbeten und ihn zu dieser späten Stunde wiederbestellt. Herr A. wurde vorgelassen, betrat das Zimmer und traf die alte Frau wirklich noch wach am Tisch sitzend an. So klar und sicher wie in diesem Moment hatte er sich schon sehr lange nicht mehr gefühlt. Herr A. trat hinter die alte Frau, ergriff ihren Kopf, zog das Messer aus seiner Jackentasche und durchtrennte mit einem Schnitt ihre Kehle. Er verließ das Zimmer, verabschiedete sich ruhig und höflich, wie es seine Art war, vom Pflegepersonal, fuhr mit dem Fahrrad in sein Geschäftslokal und wartete dort auf das Eintreffen der Polizei.

Kalte Wut

Herr A. hatte zwar zweifellos eine sehr radikale Lösung eines lange anstehenden Problems gefunden und sich vieler Konfliktbereiche auf einen Schlag entledigt, ebenso zweifellos war der Doppelmord aber etwas, das ihm zuvor niemand zugetraut hätte. Allerdings hatte er dies im Sinne eines abschließenden Bilanzierens getan, hatte seine Probleme gegen seine Aussichten und Lösungsstrategien abgewogen, hatte die Probleme als zu schwerwiegend und seine Lösungsmöglichkeiten als zu aussichtslos bewertet und sich selbst schließlich die innere Erlaubnis erteilt, mit allem, was ihn jahrelang belastet, gekränkt und stumm wütend gemacht hatte, gründlich und endgültig abzurechnen. Neben diesem Entschluss war das Erstaunlichste an der Geschichte, dass Herr A. selbst in dieser terminalen Abrechnung keine Anstalten unternahm, die überdauernden Konflikte mit der eigenen Mutter gleich mit zu lösen und sich so ein für allemal ihrer Bevormundung zu entziehen. (Die größte Herausforderung der in Haft durchgeführten Therapie lag in den folgenden Jahren auch darin, Herrn A. in seiner Positionierung gegenüber der Mutter zu stärken, ihn ihr gegenüber zu „ermächtigen" und ihm zu vermitteln, dass aufkommende Wut über ihre Kommentare und Anforderungen ein früher und brauchbarer Wegweiser für ein gelungeneres Leben sein könnte.) Allerdings hatte er sich im Rahmen seines furchtbaren Vorhabens sehr geordnet verhalten, hatte vieles bedacht und damit belegt, dass er auch in diesen Stunden Herr seiner Sinne war, Herr im eigenen Haus, in mancher Hinsicht mehr als je zuvor. Die „kalte Wut", mit der er schließlich zugange war, war teilweise verständlich, krank war sie nicht, sie hatte ihn auch nicht in einen Zustand versetzt, in dem sein Handeln von seinem Denken und Empfinden völlig abgespalten, „dissoziiert", und ihm daher nicht zurechenbar gewesen wäre. Sein wesentlicher Fehler war gewesen, sich und seine Gefühle zu lange zu ignorieren, den Schein (der folgsame Sohn, der verständnisvolle Ehemann) höher zu werten als das Sein und zu glauben, dass eine solche Vergewaltigung des eigenen Fühlens auf lange Sicht ohne nachteilige Konsequenzen möglich wäre.

Wut als Waffe

Michel de Montaigne, Jurist, Philosoph und Politiker des 16. Jahrhunderts (und daher wohl gründlich vertraut mit sämtlichen Erscheinungsformen menschlichen Verhaltens), wusste um die Macht der Emotionen und war, obwohl Humanist und von Zeitgenossen als äußerst wohlwollender, gerechter Mann beschrieben, ein Verfechter der (in Maßen) gelebten Wut. In seinem „Nachwort: Über den Zorn", verfasst zwischen 1571 und 1580, riet er dazu, „lieber seinem Diener (...) zur Unzeit eine Backpfeife zu geben als sich innerlich Zwang anzutun, nur damit man weises Gehabe an den Tag legt. Ich zöge es jedenfalls vor, meine Leidenschaften offen hervorbrechen als zu meinem Schaden in mir schwelen zu lassen: Sobald sie sich Luft verschafft haben und entladen, sinken sie kraftlos zusammen (...) Alle offen zu Tage tretenden Laster sind weniger schlimm; am gefährlichsten werden sie, wenn sie sich unter dem Mantel der Unauffälligkeit verstecken." Allerdings ermahnte er seine Leser, mit Wutausbrüchen sparsam umzugehen, nicht bei jeder Kleinigkeit herauszupoltern, das ständige Aufbrausen nicht zur Gewohnheit werden zu lassen, nicht ins Blaue hinein zu toben und sich so der Lächerlichkeit preiszugeben. Außerdem solle die Wut tunlichst den treffen, der sie ausgelöst hat. „Wenn ich loslege, dann aus Leibeskräften; doch ich bemühe mich, dass es kurz und im engsten Kreis bleibe. Gewiss verliere ich die Beherrschung, aber nie so weit, dass ich alle erdenklichen Schmähungen aufs Geratwohl, ohne Sinn und Verstand um mich würfe und kein Augenmerk mehr darauf richtete, ob meine Wortpfeile (denn zumeist bediene ich mich hierbei ja bloß meiner Zunge) auch dem Richtigen so tief wie möglich unter die Haut gehn."

Als Abschluss seiner Reflexionen bezieht sich Montaigne auf Aristoteles, der den Zorn als gelegentliche Waffe der Tugend und der Tapferkeit bezeichnete. Die Gegner dieser Ansicht sähen das, so Montaigne, allerdings als eine seltsame Verwendungsart: Es handle sich dabei um eine Waffe, die uns benütze, ganz im Gegensatz zum sonstigen Umgang mit dem Schwert – dieses werde nicht von unserer Hand geführt, sondern unsere Hand von ihm; diese Waffe habe uns im Griff, wir sie aber nicht.

Die Wut staut sich auf: von der Ohnmacht zur Tat

Wenn dies zutrifft, wenn also die Wut uns führt und wir keinerlei Einfluss mehr auf sie haben, sie nicht steuern können, weil sie sich jenseits jeglicher rationalen Kontrolle austobt, kann es sich um ein „Affektdelikt“ im engeren Sinn handeln, kann also auch ein Zustand vorliegen, bei dem keine zurechenbare Schuld vorliegt, keine Schuldfähigkeit mehr gegeben ist.

Diese eigentlichen „Affektdelikte“, also Delikte, bei denen nichts außer dem beherrschenden Affekt unser Handeln steuert, entstehen immer aus einem chronifizierten Affektstau, der sich bei genauerer Befragung und Erkundung der Verhältnisse zumeist leicht aus der Vorgeschichte ableiten lässt. Regelhaft findet sich eine lang dauernde Vorlaufzeit mit einer spezifischen Täter-Opfer-Beziehung und aufgestauten, negativ besetzten Emotionen wie Wut, Kränkung, Enttäuschung oder Eifersucht, die nicht oder nur unzureichend „portionsweise“ entladen werden oder aufgrund der Persönlichkeitsstruktur des Täters nicht entladen werden können. In diesem Zeitraum finden immer wieder Konfrontationen zwischen den Konfliktpartnern statt, die aber zu keiner konstruktiven Lösung, zu keinem Konsens und damit zu keiner Veränderung führen, sondern über einen längeren Zeitraum nur die Kränkungserlebnisse und Ohnmachtsgefühle des späteren Täters verstärken. Die Fronten verhärten sich mit Fortdauer des ungelösten Konflikts, der unterlegene Partner zieht sich immer mehr in sich zurück und findet dort die nächste Konfliktsituation vor, wo widerstreitende Lösungsansätze erwogen und wieder verworfen werden, wo in einer persönlichkeitstypischen Entscheidungsambivalenz keine innere Klarheit geschaffen werden kann, sodass sich die äußeren und inneren Konflikte zu einem Berg anhäufen, der schließlich jede andere Aussicht blockiert.

Der Täter selbst befindet sich vor der Tat über lange Zeit in einem aus seiner Sicht passiven, erduldenden Zustand mit dem Gefühl der Ohnmacht und des Ausgeliefertseins (an den Anderen, an das Schicksal, im Wesentlichen an die eigene Entscheidungsunfähigkeit). Dabei entsteht eine immer stärkere Einengung des Denkens, Fühlens und Wollens auf das zentrale Thema, alle anderen Lebensbereiche werden zunehmend ausgeblendet, die Gedanken umkreisen unaufhörlich den einen, unüberwindbar hoch aufragenden Berg des Konfliktbereichs, der Täter befindet sich quasi in einem sich laufend verengenden Wahrnehmungstrichter.

Vorbestehende Interessen und andere Sozialkontakte mit Außenstehenden verlieren an Bedeutung (und der Täter damit die Möglichkeit, die Thematik im Dialog mit anderen, nicht am Konflikt beteiligten Personen zu relativieren), die gesamte verfügbare Energie wird auf die Beschäftigung mit dem Konfliktthema und auf die Beherrschung der kaum erträglichen, bedrohlich und vernichtend erlebten Emotionen aufgewendet.

Gerade diese Beherrschung bringt aber keine Erleichterung oder Lösung, sondern bewirkt eine zunehmende Zermürbung mit Einbüßen der Entscheidungsfähigkeit und Verlust jeglicher inneren Stabilität – und wird damit zur Basis der weiteren, schließlich schrecklichen Entwicklung. Es gibt keine sichere innere „Rückzugsinsel“ mehr, alle Bereiche der Persönlichkeit werden vom Konfliktthema überschwemmt, werden be- und schließlich zersetzt.

Dieses Stadium wird als spezifische Tatanlaufzeit bezeichnet, die von sozialer Isolierung, Verlust jeglichen Interesses und völliger gedanklicher und emotionaler Eingenommenheit vom Konfliktthema gekennzeichnet ist. Der spätere Täter ist sozusagen randvoll mit nicht überwindbarer Demütigung, Kränkungs-, Ohnmachts-, Ausweglosigkeits- und Versagensgefühlen, die darüber gespannte Hülle aus Beherrschung wird immer dünner, weniger elastisch und belastbar, bis sie dann bei einem relativ nichtigen Anlass platzt.

Das „Platzen“ wiederum entspricht dem für Affektdelikte typischen Affektaufbau. Aus einer kaum mehr erträglichen Affektspannung entlädt sich explosiv, in einer quasi „rechtwinkelig“ ansteigenden Kurve, abrupt die aufgestaute Emotion in einer für Außenstehende völlig unverständlichen Art und Intensität. Ebenso charakteristisch ist das genauso rechtwinkelig abfallende Ende der Entladung: Der Täter steht fassungslos vor den Folgen seines Verhaltens, kann es nicht verstehen, reagiert eventuell seinem eben gezeigten Verhalten diametral entgegengesetzt und leitet Hilfsmaßnahmen ein.

Während sich unsere Handlungen üblicherweise durch einen logischen, zielorientierten Ablauf von Planung, Einleitung, Durchführung und Abschluss auszeichnen, fehlt diese nachvollziehbare, überlegte Abfolge bei Affektdelikten völlig: Der Handlungsablauf erscheint wie vom Himmel gefallen, ein bedrohliches Teil, das aus dem Nichts auftaucht und einen tiefen Krater der Zerstörung hinterlässt. Falls die Tat nicht als völlig Ich-fremd ganz oder in Teilen aus dem Gedächtnis gestrichen wird, ist das Zeitgitter der Erinnerung nicht erhalten, eine Beschreibung der zeitlichen Tatabfolge nicht möglich.

Ein weiteres Merkmal ist das Fehlen von Sicherungstendenzen, es werden keine Flucht- oder Verdeckungsmöglichkeiten überlegt, da sich der gesamte Tatablauf ja gerade durch das Fehlen von Überlegung im eigentlichen Sinn auszeichnet: Die normalerweise vorhandenen inneren moralischen Instanzen und logischen Abwägungen werden nicht mehr über die bisher (gerade noch mühsam) verdeckten Affekte gelegt.

Eine wesentliche Rolle bei der Entstehung eines Affektdelikts spielt immer die Persönlichkeit des späteren Täters: Besonders häufig finden sich Menschen mit üblicherweise stark ausgeprägter sozialer Anpassung, ausgeprägter Aggressionshemmung, geringer spontaner Aggression und Erregbarkeit, abhängigen Persönlichkeitszügen mit Angst vor Trennung und Verlust, geringer Frustrationstoleranz, starren Reaktionsmustern, gering ausgeprägtem Selbstwert und rasch auftretenden Unterlegenheitsgefühlen.

Schließlich sind noch die sogenannten „konstellativen Faktoren" wie etwa Alkoholisierung oder Übermüdung zu beachten, die für sich allein genommen zu keiner wesentlichen Beeinträchtigung führen würden, jedoch begünstigend auf Affektaufbau und -entladung wirken.

Ein Schalter legt sich um?

Sämtliche oben genannten Faktoren wurden vom deutschen Psychiater Henning Saß in einem Kriterienkatalog zusammengefasst.

Hier findet sich die spezifische Tatvorgeschichte und Tatanlaufzeit, zumeist geprägt von einer unendlich zermürbenden, aber nur einseitig offen ausgetragenen Auseinandersetzung, es findet sich die affektive Ausgangssituation vor der Tat mit Tatbereitschaft, wobei die Tatbereitschaft vor allem darin besteht, dass der spätere Täter am Ende seiner Leidensfähigkeit angelangt ist, ohne das selbst wahrzunehmen, so wie er vor der Tat auch nicht die Wut, sondern nur das Unrecht und die vermeintlich schicksalhafte Ausweglosigkeit seines Elends wahrnimmt. Diese Haltung der schicksalsergebenen, alles erduldenden, oft auch plakativ zur Schau gestellten Hilflosigkeit entspricht innerlich einer Mischung aus Ängstlichkeit, Depression, Befürchtungen und massiven Zweifeln am eigenen Wert. Die Selbstzweifel steigern sich im weiteren Verlauf des Desasters, bis es schließlich zu einem völligen Verlust des Selbstkonzepts kommt: Alles, was mich vermeintlich definiert, hat keine Gültigkeit mehr, alles, woran ich geglaubt und mit Vehemenz festgehalten habe, zerbricht, neue Anker der Persönlichkeit sind nirgends in Sicht. Aus dieser Orientierungslosigkeit, gepaart mit Hoffnungslosigkeit, entsteht eine Stimmung der Gleichgültigkeit, die nichts mehr anstrebt außer einem Ende des bisherigen, und selbst für dieses Ende gibt es keinen Plan. Wenn nun die schon angeführten „konstellativen Faktoren" dazukommen (und da reicht oft schon eine geringe Alkoholisierung, eine geringfügige zusätzliche Belastung), „passiert" die Tat als endgültige Bankrotterklärung des gesamten bisherigen Lebens. Hier „passiert" sie wirklich: Weder der Täter noch ein anderer hätten so etwas je kommen sehen, das Persönlichkeitsgefüge zerbricht, aus den Tiefen der zu lange zugedeckten Emotionen schafft sich die Wut mit elementarer Wucht ein Ventil. Der Tatablauf selbst ist immer abrupt, ohne Vorberechnung oder Planung, der Anlass meist nichtig (zuvor hatte der Täter meist schon viel heftigere Angriffe reaktionslos über sich ergehen lassen), es regiert die Emotion, Gedanken haben keinen Platz, schon gar nicht die an das Morgen. Konsequenterweise wird auch kein Fluchtplan entworfen, die Handlung selbst ist bar jeder sie kontrollierenden Überlegung. Auch wenn Vergleiche von Menschen mit Maschinen ob der Komplexität der Faktoren, die unser Handeln bestimmen, meist unangebracht sind, hier drängt sich das Wort „abschalten" auf: moralische Kontrollinstanzen, ethische Einstellungen, Hemmmechanismen, rationales Abwägen, das alles ist dem Täter in diesem Moment nicht zugänglich, weshalb hier gerne vom „Schalter, der sich umgelegt hat" gesprochen wird, von einem „kleinen roten Knopf im Gehirn", den irgendwer gedrückt haben müsse (und den man in einer Computertomografie sicher finden würde, man möge doch bitte umgehend eine veranlassen). So schnell, wie sich der tödliche Furor entwickelt, so schnell fällt er auch wieder in sich zusammen, und dann steht der Handelnde, aus dem heraus „es" gehandelt hat, fassungslos vor dem Angerichteten und hat keine Ahnung, wie „es" soweit kommen konnte, aber noch viel weniger, wie *er* soweit kommen konnte. Zumeist starten diese Menschen danach hektische Maßnahmen, das angerichtete Unheil irgendwie wieder gut zu machen oder zumindest den Schaden zu begrenzen, was bei den Opfern, falls sie bis hierher überlebt haben, verständlicherweise nur noch mehr Panik auslöst: Eventuelle Hilfsmaßnahmen werden fehlgedeutet als Versuche, das Begonnene erfolgreich zu beenden, die fehlende Fluchttendenz wird als fortdauernde Bedrohung erlebt.

Fallbeispiel: Der Hochanständige

Herr M. war glaubhaft und sichtlich fassungslos. Aufgewachsen in einem harmonischen Elternhaus, mit einer etwas strengeren Mutter und einem sehr nachgiebigen Vater, der ihm als dem einzigen Sohn alles durchgehen ließ, war er in der Schule sicher nicht der Fleißigste gewesen, hatte aber viel Zeit mit Freunden und harmlosen Vergnügungen verbracht, bis er in der Lehrzeit Engagement und Lerneifer entwickelte und sich zu einem Vorzeigelehrling mauserte. Er war so verlässlich, genau, pünktlich, ordentlich und beliebt, dass er im Lehrbetrieb selbstverständlich weiter beschäftigt wurde und schließlich bis zum Ende seines Berufslebens, das ohne sein Verschulden in seinem 55. Lebensjahr durch den Firmenkonkurs eintrat, nur in diesem einen Betrieb arbeitete, wo alle Kollegen nur Gutes über ihn zu erzählen wussten. Im Privaten war er allerdings weniger zielstrebig, zumindest solange nicht, bis er seine Frau kennenlernte: Er wohnte weiter bei seinen Eltern und gab sein Geld vor allem für Motorräder aus, ohne, wie viele andere, für ein Haus anzusparen oder an eine Heirat zu denken. Das erledigte dann die Frau, die auch beim Kennenlernen die Initiative ergriffen hatte und fortan alles bestimmte: den Ankauf des Hauses, die Anzahl der gewünschten Kinder, die Verwendung seines Einkommens, den Urlaubsort, die Einrichtung sowieso, aber auch die Automarke und den richtigen Zeitpunkt zum Einkaufen, Rasenmähen und Autowaschen. Herr M. war ihr dankbar, dass sie alles in die Hand nahm, sie war ja wirklich sehr tüchtig und spar-

sam, das Haus herzeigbar, die Kinder gut erzogen – bis zuletzt beteuerte er, dass er sie sehr gern habe, sie hätten sich sehr gut vertragen, wenn nicht…

Dieses „wenn nicht" entwickelte sich vorerst schleichend, als die Kinder in die Pubertät kamen und ihren eigenen Kopf durchzusetzen begannen. Herr M. war nicht der Meinung, dass man sich in allem seinen Kindern beugen sollte, er war auch nicht der Meinung, dass man sie mit so einer grenzenlosen Nachgiebigkeit am besten auf das Leben vorbereiten würde, und er war unvorsichtig und unbedacht genug, seine Meinung zu äußern. Jetzt lernte er seine Frau von einer ganz anderen Seite kennen: Vorerst schrie sie ihn an, verbat ihm das Wort und sich jede Einmischung und ging daran, mit den Kindern einen äußerst stabilen Beistands- und Geheimhaltungspakt zu schließen, der ihn aus dem Familienleben praktisch vollständig ausschloss. So wurde ihm verboten, das obere Stockwerk zu betreten, da die pubertierenden Töchter den Vater nicht mehr in ihrem ureigenen Reich sehen wollten. (Es dauerte ein Jahr, bis er bemerkte, dass der Freund der erst 13-jährigen Tochter mit Billigung der Mutter schon die längste Zeit bei und von ihm lebte, abends das Haus über den Balkon betrat und es morgens auf demselben Weg wieder verließ.) Er wurde nicht mehr über geplante Urlaube informiert, Frau, Kinder und deren Anhang waren plötzlich weg, bestenfalls fand er abends auf dem Küchentisch einen Zettel, dass man in zwei Wochen wiederkomme, sein Taschengeld wurde drastisch gekürzt, da ja die diversen Partner der beiden Töchter mit versorgt werden mussten, kurzum: Es gab die

Familie und abgesetzt davon ihn, in völliger Außenseiterposition. So hatte sich Herr M. das nicht vorgestellt, und er versuchte, zuerst zaghaft und vernünftig, dann zunehmend fordernd, hier wieder klare und reguläre Verhältnisse zu schaffen, aber es war wie verhext: Je mehr er drängte, desto mehr wurde er hinausgedrängt, es stand 4:1 bzw., wenn man die Partner der Kinder mitrechnete, sogar 7:1.

Herr M. verstand zwar nicht, was hier vorging, aber er begriff, dass er keine Chance hatte gegen diese kompakte, geballte Übermacht. Er gab auf, archivierte seine Wut irgendwo weit unten, hinten, und ergab sich in eine Art verzweifelte Resignation. Mit den Jahren wurde die Situation immer vertrackter: Obwohl zwei der Kinder auszogen, blieb eine Tochter mit ihrem Partner im Haus wohnen, beide wurden von der Mutter von vorne bis hinten bedient.

Als er schließlich seinen Job verlor, stellte die Frau mit der Begründung seines reduzierten Einkommens jegliche Serviceleistung an ihm ein, nun musste er selbst seine Wäsche besorgen und darauf achten, die Waschmaschine nur dann zu benutzen, wenn sie nicht gerade für Tochter, Schwiegersohn oder Frau gebraucht wurde. Das Allerschlimmste an der Arbeitslosigkeit war die Tatsache, dass er nun dauernd mit der unerträglichen Situation konfrontiert war und bald an nichts anderes mehr denken konnte; er versuchte es mit Alkohol, den vertrug er schlecht, die Schlafstörungen blieben, das dauernde Grübeln, ebenso wie die wortlosen Erniedrigungen und die lauten, wortreichen Schmähungen, wenn er es doch einmal wagte, seine Meinung zu ir-

gendeinem Thema zu äußern. Er vergrub sich hinter dem Computer, entwarf Logos, die keiner brauchte, spielte Schach gegen unsichtbare Gegner, konnte sich aber kaum mehr konzentrieren, weil in seinem Kopf nur noch Raum war für das alltägliche, ausweglose Elend. Eines Abends, als er ausnahmsweise wieder einmal gemeinsam mit den anderen am Tisch sitzen durfte, wurde rasch klar, dass die „Erlaubnis" nur erteilt worden war, um in seiner Anwesenheit seine Unbrauchbarkeit zu besprechen, gerade so, als ob man über irgendein Ungeziefer im Haus spräche, lästig, aber leider nicht auszurotten.

Herr M. nahm wortlos das Speckmesser, stand auf und stach es seiner Frau in die Brust. Die war, so wie die anderen Anwesenden, zu verblüfft, um auch nur irgendwie zu reagieren, blieb stumm sitzen und gab ihm somit Gelegenheit, das Messer auch in der Brust seiner Tochter zu platzieren. Als Erster suchte der Schwiegersohn das Weite, dann rannten Frau und Tochter gemeinsam aus dem Esszimmer; die Frau schloss sich in der Toilette ein, während die Tochter zu den Nachbarn rannte, um Polizei und Rettung zu verständigen. Den Schwiegersohn fand man später im Gasthaus, wo er sich hochprozentig vom Schock erholte. Die Polizeibeamten verhafteten Herrn M. vor der Toilettentür seines Hauses; er hatte versucht, hineinzukommen, um seiner Frau zu helfen und nicht, wie sie befürchtete, um sie endgültig zu ermorden; er hatte nämlich die Blutspur gesehen, die dorthin führte, hatte sich deren Herkunft nicht erklären können und vermutet, dass sie sich verletzt hatte und dann zusammengebrochen war. An den

Tathergang hatte er keinerlei Erinnerung: Herr M., der freundliche, hilfsbereite Nachbar, der zuvorkommende, verlässliche Arbeitskollege, der treu sorgende Familienvater, konnte die Schilderungen seiner Angehörigen nicht glauben und sprach von einem „Kurzschluss", der irgendwie, aus unerfindlichen Gründen, in seinem Hirn stattgefunden haben müsse, die ganze Sache war ihm unfassbar, unerklärlich und unheimlich, die in der Untersuchungshaft erstmals gestellte Diagnose einer fortgeschrittenen Krebserkrankung nachgerade eine Erlösung.

Wut und Resignation

Anders als Herr A. war sich Herr M. seiner Emotionen nicht bewusst: An die Stelle der Wut war bei ihm schon sehr früh die Verzweiflung getreten, die resignierte Verzagtheit und das wortlose Unglück, also Empfindungen, die zwar nicht minder zerstörerisch waren, aber auf eine weit subtilere, verdecktere Art. Herr M. hatte sich zeitlebens an den sozialen Erwartungen orientiert, am Schein, der ihm schließlich zum Sein wurde. Allein der Gedanke an Wut, eigene oder fremde, löste bei ihm Angst aus, sein Ideal war eine wolkenlose Harmonie, sein Beitrag bedingungslose Akzeptanz und Unterwerfung. Dass er sich selbst damit mindestens ebenso viel Gewalt antat wie ihm die offensichtlich konfliktsüchtigen anderen zufügten, kam Herrn M. nie in den Sinn, so wie er auch noch in Haft jede Möglichkeit, in seinem Familiensystem Ärger oder Wut empfunden zu haben, entsetzt weit von sich wies. Im Gegensatz zu Herrn A. versuchte sich Herr M. auch zu keinem Zeitpunkt an einer gründlichen Analyse seiner Situation und hätte dies wohl auch nicht gekonnt, da negative Gefühle im kontrollierten „Normalzustand" mit einem ähnlich intensiven Verbot belegt waren wie seine Tathandlung. Dass letztere stattgefunden hatte, war eine unbestreitbare Tatsache; die Mechanismen, die ihn um Haaresbreite zu einem Doppelmörder gemacht hätten, blieben Herrn M. bis zu seinem Tod in endgültiger Resignation unverständlich.

Junge Wut

Pubertät: eine Geisteskrankheit?

Die Jugend hat es wahrlich nicht leicht: Wann immer sie als etwas Eigenes wahrgenommen wird und nicht nur als verkleinerte Form des Erwachsenseins (wie dies im Mittelalter die Regel war), wird sie mit dem Erwachsenenalter verglichen und kommt dabei schlecht weg. Selbst Sokrates, der weise, formulierte schon seine Geringschätzung des Nachwuchses in seinem erstaunlich neuzeitlich anmutenden Geschimpfe: „Die Jugend liebt heutzutage den Luxus. Sie hat schlechte Manieren, verachtet die Autorität, hat keinen Respekt vor den älteren Leuten und schwatzt, wo sie arbeiten sollte. Die jungen Leute stehen nicht mehr auf, wenn Ältere das Zimmer betreten. Sie widersprechen ihren Eltern, schwadronieren in der Gesellschaft, verschlingen bei Tisch die Süßspeisen, legen die Beine übereinander und tyrannisieren ihre Lehrer." Dabei ist diese Zeit eine der forderndsten, die wir durchleben, in ihren Umwälzungen in körperlich-geistiger Hinsicht nur vergleichbar mit schweren Geisteskrankheiten, und ich finde es immer wieder beachtlich, wie viele Menschen nicht nur unbeschadet, sondern reifer, verantwortungsbewusster und in jeder Hinsicht eigenständiger daraus hervorgehen: Sie haben den umfangreichen Katalog der Entwicklungsaufgaben der Pubertät erfolgreich abgearbeitet und sich als Teil einer Gemeinschaft etabliert.

Das erfordert die Entwicklung von Identität, also die Entdeckung und Definition der eigenen Einmaligkeit und Unverwechselbarkeit, die dann in den wesentlichen Eckpunkten zeitlich überdauernd bestehen bleibt. (Weshalb auch die vielen partnerschaftlichen Katastrophen vorangehende Annahme, man könne den anderen dann schon noch in eine gefälligere Form umschnitzen, wenn man erst einmal länger mit ihm zusammen sei, eine sichere Quelle der Enttäuschung und/oder Kränkung darstellt. In wesentlichen Belangen bleiben Menschen ab der Pubertät ziemlich stabil: Aus Zuneigung mag zwar einer rote Socken tragen, er wird sich aber nicht vom Extrovertierten zum Introvertierten oder vom Egozentriker zum Altruisten wandeln; man bekommt, was man sieht – oder zumindest sehen könnte –, und wen der Inhalt stört, der sollte es trotz möglicherweise verlockender Form lieber sein lassen.)

Die holprige Identitätsentwicklung

Sich als Teil einer Gemeinschaft zu etablieren, erfordert die Entwicklung von Individualität und Autonomie, das heißt die Positionsfindung im Spannungsfeld von Eigenständigkeit und Bindung, es erfordert die Entwicklung von Intimität, also die Definition der eigenen Geschlechterrolle und deren praktische Umsetzung. Damit nicht genug, müssen die Pubertierenden auch noch lernen, sich gegenüber Gleichaltrigen zu behaupten, also Bedürfnisse zu äußern, Wünsche durchzusetzen, sich gegenüber Forderungen anderer abzugrenzen und die Signale der Umwelt richtig zu deuten; sie müssen aber auch lernen, sich gegenüber ihrer Herkunftsfamilie als eigenständig zu positionieren (manchmal scheint es, als ob es sich bei diesem Aufgabengebiet um den schwierigsten Teil überhaupt handeln würde, einen, mit dem erstaunlich viele so oder so lebenslang überfordert sind, indem sich entweder die engste familiäre Anbindung ungebrochen bis ins Familiengrab fortsetzt oder der pubertäre Abgrenzungsprotest zur Dauerattitüde wird). Ja, und schließlich gilt es noch, den Selbstwert zu entwickeln, also aus all dem, was sich da an Selbstdefinition, Werthaltung und Lebenszielen entwickelt hat, auch ein verträgliches Maß an Selbstsicherheit und Bedeutungszuschreibung abzuleiten.

Im Detail betrachtet, klingt dieser Aufgabenkatalog nach einem Mammut-Projekt, dem wohl jeder Erwachsene mit beträchtlichem Respekt gegenübertreten würde, trotzdem muss er von Pubertierenden bewältigt werden. Wenn dann Ältere keinerlei Verständnis für manche Irrungen und Wirrungen dieses Lebensalters aufbringen, könnte man glauben, dass sie ihre eigenen Erfahrungen in diesem Lebensabschnitt aus welchen Gründen auch immer ziemlich gründlich vergessen haben und offenbar annehmen, schon als – zumindest mental – fertige Erwachsene (abgrenzungsfähig, verantwortungsbewusst, durchsetzungsstark) den Kreißsaal verlassen zu haben. Dabei wird es noch dazu immer schwieriger, die pubertären Entwicklungsschritte unbeschadet zu durchlaufen: Obwohl sich unsere Sinnesorgane (mit denen wir die Welt um uns wahrnehmen und mit ihr in Austausch treten) seit Tausenden von Jahren nicht verändert haben, ebenso wenig wie die Verarbeitungsfähigkeit unseres Gehirns, haben die auf uns einströmenden Reize in den letzten Jahrzehnten drastisch zugenommen, was einer psychophysischen Überforderung durch Reizmenge, Reizintensität, Beschleunigung und Komplexität der Eindrücke entspricht. Ein wesentlicher Unterschied zu der Zeit vor hundert Jahren und ein Unterschied, den wir uns kaum je vergegenwärtigen, liegt beispielsweise in der allzeitigen Verfügbarkeit von Musik bzw. der akustischen Dauerexposition, der fast jeder, ob er es noch bewusst wahrnimmt oder nicht, ausgesetzt ist. Ohne jetzt auf die vorweihnachtlichen Stimmungsmusikfolterorgien anzuspielen: Es ist kaum mehr möglich, ein Geschäft zu betreten, ohne ungefragt über die gerade besonders attraktiven Sonderangebote, die gängigsten Modetrends, die günstigsten Kettensägen oder das saugfähigste Toilettenpapier informiert zu werden, auch wenn man eigentlich nur Eier, Socken, Nägel oder Zahnstocher kaufen wollte; dafür kann man das Geschäft völlig problemlos und regulär verlassen, ohne auch nur ein Wort gesprochen oder mit einer Person in Augenkontakt getreten zu sein, vorausgesetzt, man unterwirft sich dem an der Kassa besonders akzentuierten Beschleunigungsgebot und verursacht nicht mutwillig einen Stau, der alle Nachfolgenden von der unmittelbaren Fortführung ihres jeweiligen beschleunigten Lebens abhält. Unbewältigbare Komplexität verlangt nach einem „Gegenmittel", fördert also die Sehnsucht nach einfachen Lösungen (und einem „Neuen Biedermeier"), Beschleunigung wiederum ist der Feind der Differenziertheit, das allgegenwärtige Funktions- und Leistungsgebot begrenzt den Spielraum für „trial and error".

Nun ist es aber nicht so, dass unbewältigte oder nicht optimal absolvierte Entwicklungsschritte eine Art „weißen Fleck" auf der Landkarte der Persönlichkeit hinterlassen würden; vielmehr werden auch diese Bereiche gelebt, und wenn nicht gut, dann eben mit Defiziten, die gute Lösungen ersetzen oder kompensieren. Selbstwertdefizite sind etwa ein guter Nährboden für übersteigertes Dominanzverhalten (wenngleich innerlich von kleiner Statur, wirkt man, auf anderen stehend, immerhin größer), Aggression ein Ersatz für Defizite im Kommunikationsbereich (wo Worte und Argumente fehlen, verdeutlicht Handgreifliches die eigene Position) und Intimitätsdefizite können sexuelle Übergriffe begünstigen.

Fallbeispiel: Die Opfer-Täter-Umkehr

Herr M. war ein so genanntes „Problemkind", obwohl das Problem, genauer betrachtet, ursprünglich vermutlich nicht bei ihm, sondern eher bei seinen Eltern lag: Insofern war er eher das „Kind zweier Problemfälle" und bald einmal ein Problem des Jugendamts. Den Vater konnte man da getrost ignorieren, der saß praktisch dauernd in Haft, hatte nur eine kurze Haftpause zur Zeugung genutzt und war dann, noch vor der Geburt von M., wieder in eine Justizanstalt zurückgekehrt, ohne sich in weiterer Folge je für diesen Zufallssohn zu interessieren. Die Mutter trank gerne und auch viel, und sie hatte gern „Spaß", wobei das Kind im Weg war. Deshalb kam der Kleine auch gleich einmal zur mütterlichen Großmutter, wo seine Mutter die nächsten Jahre nicht mehr auftauchte. Die Großmutter war zwar eine Ver-

besserung, aber irgendwie leider auch suboptimal: Auch sie trank gern, wenngleich nicht mehr so viel, sie war nicht mehr die Jüngste, litt unter allerlei Beschwerden, die ihren Aktionsradius begrenzten, und hatte nicht die Energie, einem quirligen Kleinkind nachzulaufen oder Verbote gegen Protest durchzusetzen, weshalb M. ziemlich grenzenlos aufwuchs. Mit wem er seine Zeit verbrachte, nachdem er – mit fünf oder sechs Jahren – morgens aus dem Haus gegangen war, um erst nach Einbruch der Dunkelheit heimzukehren, wusste keiner genau, am allerwenigsten vermutlich die Großmutter; die fragte auch nicht nach, war froh, wenn er wieder da war, stellte das Essen auf den Tisch, jammerte ein bisschen über ihre Hüfte, ihr Knie, das Kreuz, die Schulter, je nach vordringlicher Bedeutung, schickte ihn ins Bett und schaute selten nach, ob er auch schlafen ging. Das tat er allerdings wirklich selten, meistens, zumindest wenn es draußen warm war, traf er sich noch mit älteren Kindern aus ähnlichen Konstellationen. Er lernte schon früh diverse Substanzen, vor allem aber Alkohol kennen und entdeckte, dass man für fast alles, was Spaß machte, Geld brauchte. Da zu Hause aber in dieser Hinsicht nichts zu holen war, beging er unter Anleitung der Älteren die ersten Einbrüche, wurde geschnappt, ans Jugendamt weitergereicht und in ein Heim verfrachtet. Dort vermisste er seine Freiheiten und konnte nicht einsehen, dass es jetzt plötzlich Regeln gab, so viele, dass man sie gar nicht alle behalten konnte. Außerdem waren das alles Fremde, die nun glaubten, ihm dauernd irgendetwas anschaffen zu müssen, die sich abfällig über seine Großmutter und seine fehlende Erziehung äußer-

ten und ihm Besuche bei der Großmutter untersagten. Die Sache mit dem Besuch machte ihn besonders wütend: Bei den anderen kam immer wieder irgendjemand vorbei und brachte Süßigkeiten oder Spielzeug, nur ihn besuchte keiner, weshalb er auch verspottet und ausgegrenzt wurde. Bald fand er heraus, dass er für sein Alter eher kräftig war und den meisten anderen körperlich überlegen, womit er zumindest die Geschenke der anderen für sich einfordern konnte. Die Freuden seines Herrscherdaseins währten nur kurz, da das Heim ihn für untragbar erachtete und ihn via Jugendamt in eine andere Einrichtung verschicken ließ. Dort wiederholte sich der ganze Zirkus, nur dass M. jetzt immer wieder ausriss und sich zu seiner Großmutter durchschlug, die ihn nach Möglichkeit vor dem Jugendamt versteckte. Neues Heim – selber Ablauf, bis zu seinem zwölften Lebensjahr hatte er auf diese Art und Weise schon sechs Heime kennengelernt, als sich die Mutter plötzlich an ihn erinnerte und sich bereit erklärte, ihn zu sich zu nehmen. M. war inzwischen ein großgewachsener Jugendlicher, sehr erfahren in allem, was die Umgehung von Regeln betraf, aber gänzlich unbedarft in allem, was es für ein vernünftiges Fortkommen gebraucht hätte. Bei der Mutter, einer ihm völlig fremden Frau, fand er einen zwar ganz verträglichen, aber meist betrunkenen Stiefvater und zwei kleine Halbbrüder vor und es wurde rasch klar, dass er hauptsächlich zur Beaufsichtigung der Letzteren geholt worden war. Das versuchte er auch nach Möglichkeit, es verhinderte aber den Schulbesuch, weshalb prompt wieder das Jugendamt auf den Plan trat und ihn ins nächste Heim verfrachtete; dies-

mal war es eines für mehr oder weniger aufgegebene Problemfälle, mit versperrten Türen und drastischen Erziehungsmethoden, was natürlich noch drastischere Gegenmaßnahmen erforderte. Die Berichte ans Jugendamt lasen sich wie eine Aneinanderreihung von beängstigenden Prophezeiungen: „verbohrt, verstockt, verroht, reagiert auf einfachste Aufforderungen mit gewalttätigen Übergriffen, kann zu keiner Tätigkeit angeleitet werden, vermutlich auch verblödet, hat sich mit einem zweiten äußerst problematischen Jugendlichen zusammengetan und tyrannisiert alle anderen, selbst in dieser Einrichtung untragbar, wird ohne Zweifel eine kriminelle Karriere einschlagen". Kurzum, alle hatten aufgegeben, aber am schlimmsten war, dass M. sich selbst aufgegeben hatte und zumindest in diesem einen Punkt mit den Erziehern übereinstimmte. Sofort nach Eintritt der Strafmündigkeit wechselte M. in die Jugendhaftanstalt (Einbrüche und Körperverletzungen) und verbüßte bis zu seinem 17. Lebensjahr vier Haftstrafen. Als er mit 17 seinen ersten Mord beging (er hatte einer älteren Frau die Einkaufstasche in die Wohnung getragen, hatte dann versucht, sie zu vergewaltigen und sie danach erwürgt), hatte die sprachlose Wut schon lange alles, was sonst noch dagewesen sein mochte, restlos verdrängt.

Entwicklung, problematisch

In heutiger psychiatrischer Diktion würde man Herrn M. die Diagnose einer Störung des Sozialverhaltens zuschreiben.

Symptomatisch dafür ist ein sich wiederholendes Muster aggressiven und aufsässigen Verhaltens, das schwerwiegender ist als gewöhnlicher kindlicher Unfug und gröbste Verletzungen altersentsprechender sozialer Erwartungen beinhaltet. Im Diagnosemanual der WHO wird angeführt, dass dieses gestörte Verhalten oft zusammen mit schwierigen psychosozialen Umständen auftritt wie beispielsweise unzureichenden familiären Bindungen und Schulversagen und das ein extremes Maß an Streiten oder Tyrannisieren, Grausamkeit gegenüber anderen, Zerstörung von fremdem Eigentum, Feuerlegen, Stehlen, häufiges Lügen oder schwere Wutausbrüche und Ungehorsam umfasst. Wissenschaftlichen Untersuchungen zufolge tritt eine solche Kombination bei 7–16% aller Jugendlichen auf, von denen wiederum 40% im Erwachsenenalter eine so genannte „antisoziale Persönlichkeitsstörung" entwickeln. Unterschieden wird zwischen der „adolescence-limited antisociality", also denjenigen Auffälligkeiten, die zwar ausgeprägt sind, aber noch dem pubertären Drang nach Ausloten der Grenzen und Austesten der eigenen Möglichkeiten und Fähigkeiten zuzurechnen sind und mit dem 18. Lebensjahr weitgehend abklingen, und der „life-course-persistent antisociality", bei der die Verhaltensstörungen der Jugend eine anhaltende kriminelle Entwicklung einleiten. Letzteres ist umso wahrscheinlicher, je öfter die genannten Probleme auftreten, je vielfältiger die Grenzüberschreitungen sind, je flächendeckender sie begangen werden und je jünger der Jugendliche bei der ersten formal strafbaren Handlung ist. Von Jugendpsychiatern wird ein einheitlicher Entwicklungspfad zur Dissozialität angenommen, der starken Ungehorsam, häufige Wutausbrüche, eine Neigung zum Raufen und Stehlen sowie gravierende Auffälligkeiten vor dem zehnten Lebensjahr und

Straffälligkeit vor dem 18. Lebensjahr umfasst. Drei bis fünf Prozent der jugendlichen Tatverdächtigen begehen zwischen 30 und 60% der in ihrer Altersgruppe bekannt gewordenen Straftaten, wobei Delinquenz an sich ein altersgebundenes Phänomen darstellt, was in der Kriminologie als „age-crime-relation" bezeichnet wird. In sämtlichen Erhebungen zeichnet sich die Gruppe der 18- bis 20-jährigen Verurteilten durch eine sehr hohe Rückfallwahrscheinlichkeit in weitere Straftaten aus, die Wahrscheinlichkeit eines strafrechtlich relevanten Rückfalls sinkt ab dem 35. Lebensjahr um ein Drittel, ein deutlicher Rückgang ist – bei allgemein sinkendem Aktivitäts- und Energieniveau – ab dem 60. Lebensjahr zu beobachten.

Perspektivlosigkeit als Risikofaktor

Was die Ursachenforschung betrifft, so finden sich die „üblichen Verdächtigen": Fast alle einschlägig auffälligen Jugendlichen kommen aus einem Familiensystem, das oft genug diese Bezeichnung nicht verdient und eher eine dysfunktionale Kombination und/oder Abfolge erziehungsunfähiger und desinteressierter Erwachsener darstellt. Sie haben an einem Mangel an Betreuungs- und Bezugspersonen gelitten, haben soziale Werte weder vermittelt noch vorgelebt bekommen, wurden weder in der Bewältigung der schulischen Anforderungen unterstützt noch zu sinnvoller Freizeitbeschäftigung angeleitet, haben laufend Frustrationen erlitten, die nicht nachbearbeitet und aufgefangen wurden und finden sich am Übergang zum Erwachsenenalter in einer perspektivlosen Position. Was zuvor noch ohne wesentliche Konsequenzen möglich war, hat nun erstmals strafrechtliche Folgen, Gleichaltrige beginnen sich in Richtung Beziehungs- und Arbeitsleben hin zu orientieren, ihnen bleiben nun viele Türen verschlossen. Selbst wenn sie sich auf Jobsuche begeben, ist es unwahrscheinlich, dass sie ihr Vorleben für eine Lehrstelle qualifiziert oder ein Arbeitgeber willens wäre, sich mit absehbaren Problemen zu belasten; die meisten Mädchen, die nicht selbst einschlägig vorbelastet sind oder deren Eltern zumindest wenig Freude mit einem einkommenslosen Halbstarken haben, dem der Ruf eines Schlägers und Randalierers anhaftet, lassen sich nicht mit ihnen ein, kurz: Aus dem vermeintlichen Spaß der vergangenen Jahre wird nun fast über Nacht Ernst, der offensichtlich gekommen ist, um zu bleiben. Wenn Thilo Sarrazin in seiner sattsam bekannten Polemik („Deutschland schafft sich ab") über Probleme mit Migranten klagt und dann schreibt „Manche Dinge lassen sich eben nur beurteilen, indem man sich über konkrete Fakten und Zusammenhänge beugt; allgemeines Gerede führt da nicht weiter", so hat er zweifelsohne recht, und zwar weit mehr, als er sich das vermutlich selbst vorstellen kann: Perspektivlosigkeit ist ein wesentlicher Risikofaktor kriminellen Verhaltens.

Die Salzmann-Lösung

Dort, wo Menschen aus der Anpassung an die geltenden Normen für sich keine Teilnahme am gesellschaftlichen Leben ableiten können, entsteht Wut auf die, die es besser haben, Wut auf die Normen und die Rechtfertigung dafür, sich als „outlaw" zu positionieren, sich also außerhalb der Regeln zu stellen und die Gegebenheiten ohne gefühlte Einbindung in eine Gemeinschaft ausschließlich zum eigenen Vorteil zu nutzen. Dort, wo die Entwicklungsaufgaben der Pubertät nicht bewältigt werden konnten, wo Selbstwertdefizite und Kommunikationsdefizite vorherrschen und keine Aussicht auf Änderung besteht, gibt es kaum Gründe, die biografisch angesammelte Wut nicht auszuleben und sich solidarisch zu zeigen mit einer Welt, die den Betroffenen jahrelang jegliche Solidarität vorenthalten hat. Der deutsche Pädagoge (und evangelische Pfarrer) Christian Gotthilf Salzmann formulierte 1806 (also in einer Zeit, die in Sachen Erziehung aus heutiger Perspektive als finsterstes Mittelalter wahrgenommen wird): „Von allen Fehlern und Untugenden seiner Zöglinge muss der Erzieher den Grund in sich selbst suchen. (…) Meine Meinung ist gar nicht, dass der Grund von allen Fehlern und Untugenden seiner Zöglinge in dem Erzieher wirklich läge, sondern ich will nur, dass er ihn in sich selbst suchen soll." Es darf zwar von Erwachsenen rechtens erwartet werden, dass sie ihre Handlungen reflektieren, ihre Werte überdenken und ihre Entscheidungen im Wissen um die Folgen für sich und andere treffen, also auch selbst zur Erkenntnis gelangen, dass Wut kein taugliches Lebenskonzept darstellt und dass sich das Beharren auf erlittenem Unrecht und die daraus abgeleitete Selbstrechtfertigung für eigenes begangenes Unrecht irgendwann als redundante Unbelehrbarkeit darstellen. Trotzdem ist doch fraglich, ob nicht so manchem bei Berücksichtigung der Salzmann'schen Überlegungen manches erspart geblieben wäre.

Wut und der Gerechte

Wo bleibt die Gerechtigkeit?

Eine relativ junge Diagnose in der an Krankheitsdefinitionen mittlerweile nicht gerade armen psychiatrischen Landschaft, in der die moralischen (Ab-)Wertungen früherer Zeiten nicht aufgelöst, sondern mit fraglichem Gewinn teilweise durch Krankheitsdefinitionen ersetzt werden, ist die „posttraumatische Verbitterungsstörung". Erstmals wurde dieser Begriff 2003 vom Berliner Psychiater Michael Linden vorgeschlagen und sollte dazu dienen, eine spezielle Art der Anpassungsstörung, also der nicht gelungenen Anpassung an mehr oder weniger einschneidende biografische Erlebnisse, zu beschreiben. Gut bekannt ist die posttraumatische Belastungsstörung, die sich als Reaktion auf ein lebensbedrohliches Ereignis ausbilden kann, bei der allerdings Angst und nicht

Verbitterung die Leitemotion darstellt. Ein weiterer Unterschied liegt in der Dimension des Auslösers: Für die Ausbildung einer posttraumatischen Verbitterungsstörung genügt schon eine lebensübliche Belastung, ein banaler Konflikt, ein Ehestreit, ein schicksalhafter Verlust. Ausschlaggebend bzw. „traumatisierend" ist hier nur, dass das Ereignis als ungerecht, erniedrigend oder kränkend empfunden wird und dass es wesentliche Grundannahmen des Betroffenen erschüttert. Diese Grundannahmen oder „basic beliefs" sind Wertorientierungen, deren Grundlage meist in der Erziehung gelegt wird und die während des ganzen Lebens weitgehend stabil bleiben, ja sogar an folgende Generationen weitergegeben werden können.

Üblicherweise regeln solche Überzeugungen unsere Prioritäten, indem sie die Familie, den Beruf, Erfolg, den Erhalt des Hofs, des Familienunternehmens, das Mehren des familiären Reichtums, religiöse Werte oder auch moralisch korrektes Verhalten priorisieren. Eine zentrale und weit verbreitete Grundannahme ist der Glauben an die Gerechtigkeit, und zwar nicht als Desideratum und Desiderandum (als Gewünschtes und zu Wünschendes), sondern als verwirklichte Realität.

Wenngleich die Erfahrung von Jahrhunderten lehrt (oder zumindest lehren könnte), dass Schicksal und Gerechtigkeit nicht unbedingt verwandt sein müssen und dass menschliche Gerechtigkeit – milde formuliert – durchaus defizitär ausfallen kann, hat sich die Erwartung an Gerechtigkeit vom vage tröstlichen, da nicht falsifizierbaren Jenseits zunehmend ins Diesseits verlagert und wird hier immer wieder aufs Gröbste enttäuscht. Der Erfahrene, der Realist und der Weise werden darauf wohl nicht mit posttraumatischen Störungsbildern reagieren (sondern sich vielleicht an ihren gelegentlichen eigenen Beitrag zur Ungerechtigkeit in der Welt erinnern und daher dem der anderen etwas nachsichtiger begegnen), der Zwängliche, der Selbstgerechte und der Aggressionsgehemmte werden sich in ihren Grundfesten erschüttert sehen und, mit einer angenommenen Wahrscheinlichkeit von 2–3% der Gesamtbevölkerung, mit einer chronischen Verbitterungsstörung reagieren.

Die Folgen chronischer Verbitterung

Als wesentliche Symptome dieser Störung werden auffällige Veränderungen im Verhalten und in der Reaktion auf andere benannt, außerdem eine klare Verbindung zwischen dem Ereignis und der Änderung. Die Betroffenen imponieren dysphorisch-gereizt, beschreiben das Erlebte als ungerecht, als demütigend und unauslöschlich ins Gedächtnis eingegraben und berichten von anhaltender Verbitterung und „gerechtem Zorn", kombiniert mit Hilflosigkeit. Immer wieder drängen sich Erinnerungen an den Vorfall auf, die Intensität der Gekränktheit und ihr anhaltender Charakter übersteigen jedes allgemein verständliche Maß. Die Verbitterten können anderen Aufgaben und Interessen nicht mehr nachgehen und berichten bisweilen über Hass- und Rachegedanken, die sich bis zu Selbstmordfantasien steigern können. Die Motivation für letztere ist allerdings nicht in erster Linie das Beenden eines unerträglichen Leids, sondern Rache und Bestrafung an denen, die sie „so weit gebracht" haben: Jetzt soll er/sie sehen, was an ihnen verbrochen wurde, ein Leben lang soll der Verursacher ihres Ungemachs unter dieser moralischen Last leiden: „Sieh, wozu du mich getrieben hast". Verbitterung ist eine äußerst zerstörerische Emotion, die in ihrem Umfeld nichts als verbrannte Erde zurücklässt und sich dabei gleichermaßen nach innen wie nach außen richtet. Für die Vorstellung, dem anderen lebenslange Gewissensbisse zu hinterlassen, scheint selbst das eigene Leben kein zu hoher Preis, die Selbstzerstörung soll den anderen bestrafen, die ganze Welt soll sehen, wie arg man ihnen mitgespielt, wie weit man sie getrieben hat. Natürlich ist es in solch einem Denkmuster fast unmöglich, die Voraussetzungen einer erfolgreichen Behandlung (nämlich die Erkenntnis eines eigenen Veränderungsbedarfs und die Fähigkeit, sich selbst zu reflektieren) zu schaffen und das demonstrative „Baden im eigenen Leid" zu beenden. Angebotene Hilfe wird hier eher als neuerliche Kränkung erlebt und vehement zurückgewiesen, die im ursprünglich auslösenden Ereignis nicht gelebte Aggression wendet sich erstaunlich schnell gegen den Therapeuten und verunmöglicht jedes therapeutische Bündnis: Schließlich sollte sich ja die Welt verändern, nicht der Klient selbst. Diejenigen Betroffenen, die irgendwann doch therapeutische Hilfe suchen, profitieren am meisten von einer sogenannten „Weisheitstherapie", die den Klienten befähigen soll, die Perspektive zu wechseln, seine Emotionen wahrzunehmen, seine Werthaltung zu hinterfragen, Ungewissheit zu ertragen und sich selbst und seine Ansprüche zu relativieren.

Aus psychodynamischer Perspektive finden sich in der chronischen Verbitterung auffallende Ähnlichkeiten mit der passiv-aggressiven Persönlichkeit, die sich Anforderungen zwar nach außen hin scheinbar beugt, diesen aber prinzipiell mit Widerständigkeit und Abwertung begegnet und unfähig ist, Ärger und Wut sozial akzeptabel und für andere verständlich auszudrücken. Dem hohen Maß an Unterwerfung, das solche Menschen an den Tag legen, entspricht ein mindestens gleich hohes Maß an Widerstand und Trotz, mit dem Anforderungen innerlich beantwortet werden. Bei Verweis auf die Nichteinhaltung des Zugesagten wird die fehlende Erledigung zumeist wortreich begründet und gerechtfertigt, was nach einiger Zeit regelhaft Aggression provoziert, und zwar beim anderen, der die permanente Prokrastination irgendwann nicht mehr nachvollziehen oder ertragen kann. Die solcherart induzierte Wut, die vom eigentlichen Verursacher ja tabuisiert wurde und wird, ist für diesen natürlich intolerabel und eine Verletzung der selbst gesetzten Norm, weshalb die einzig angemessene Reaktion darauf im gekränkten, indignierten Rückzug gesehen wird.

Fallbeispiel: Was kränkt, macht krank

Herr O. war Beamter, unkündbar gestellt in seinem Dienstverhältnis, und als solcher objektiv betrachtet in einer heutzutage eher vorteilhaften Lage. Eigentlich, aber das war die Sicht derer, die seine Situation nicht richtig einzuschätzen wussten, hätte er sich mit beträchtlicher Gelassenheit allem, was beruflich so auf ihn zukam, stellen können, im Speziellen vertrauend auf seine verbrieften Sicherheiten und im Allgemeinen auf die ausgleichende Gerechtigkeit, die zwar bisweilen spät, aber doch jedem Schuldigen seine verdiente Sanktion zukommen lässt. Eigentlich, denn faktisch war die Sache gänzlich anders. Herr O. saß beim Gutachter, weil er die Pension anstrebte, und da er mit seinen 48 Jahren nicht offensichtlich krank war, sondern im Gegenteil recht leistungsfähig wirkte, war es ein Facharzt für Psychiatrie, dem er nun sein unerträgliches Leid klagte. Begonnen hatte alles mit einem neuen Chef. Der alte, deutlich älter als Herr O. und vom Typ „väterlich, bedächtig und darauf vertrauend, dass sich das meiste von selbst erledigt, wenn man nur lange genug untätig bleibt und ohne Nervosität zuwarten kann", war in den wohlverdienten Ruhestand getreten, der sich, was das Aktivitätsniveau betraf, von der vorhergehenden Berufstätigkeit nur geringfügig unterschied. Sein Nachfolger war von gänzlich anderer Struktur und begann gleich einmal, die Berge an Unerledigtem, die er von seinem Vorgänger geerbt hatte, einer raschen Bearbeitung zuzutreiben. Das spaltete seine Mitarbeiter in zwei Lager: Die einen waren froh, endlich eine Aufgabe zu haben und der Langeweile zu entkommen, die anderen empfanden den neuen Erledigungsdruck als unmenschlich und beschlossen, ihm mit derjenigen Methode zu begegnen, die sie in den Jahren davor perfektioniert hatten: beschwichtigende Worte gepaart mit umfassender Untätigkeit. Herr O. gehörte der letzteren Fraktion an und wurde nur in den Kaffeepausen aktiv, und dann auch nur, um sich über die mannigfachen Zumutungen zu beklagen, denen man sich nun ausgesetzt sah. Dumm war allerdings, dass dieser neue Chef über ein ausgezeichnetes Gedächtnis verfügte und neben seiner eigenen Arbeit noch Zeit fand, die Arbeit der Mitarbeiter zu überprüfen. Auch Herr O.

wurde mehrmals heimgesucht, wurde an diverse Belange erinnert und mit Erledigungsfristen bedacht, die er – natürlich – allesamt nicht einhielt. Es war fast bewundernswert, wie hartnäckig dieser Mensch sein konnte: Statt sich ins Offensichtliche zu fügen und endlich Ruhe zu geben, schickte er immer wieder Mails, in denen er nachfragte, vorerst nachfragte, dann drängte und erklärte und meinte, die Dringlichkeit betonen zu müssen – der begriff eindeutig nichts. In einer Angelegenheit war er ganz besonders hartnäckig, und da diese Sache ziemlich komplex und aufwändig war, hatte Herr O. schon gar keine Lust, sich ihr zu widmen, weshalb er vorschlug, sie zur Chefsache zu machen. Das wollte der Neue aber auch nicht, weil er meinte, mit seiner eigenen Arbeit durchaus ausgelastet zu sein. Andererseits, wenn man das Ganze mit Vernunft betrachtete („Vernunft" war eines der Lieblingswörter von Herrn O.), so hätte der gute Mann in der Zeit, die er mit dem Einfordern der Arbeit zubrachte, diese eigentlich schon selbst erledigen können. Die Situation stagnierte eine Zeitlang, fast war Herr O. geneigt zu glauben, dass die Angelegenheit nun ausgestanden war, da erschien eines Morgens der Chef höchstpersönlich in seinem Büro und verlangte mit ziemlich finsterer Miene das Ergebnis seiner monatelangen Forderungen. Herr O. war indigniert: Er hatte es offenbar mit einem wirklich begriffsstutzigen Menschen zu tun, also begann er, langsam und überdeutlich seine schon sattsam bekannten Ausweichmanöver zu wiederholen. Da geschah das Unfassbare: Der Chef unterbrach ihn nach kürzester Zeit, bekam einen hochroten Kopf und schrie ihn an! Wirklich und wahrhaftig, er schrie! So etwas hatte Herr O. noch nie erlebt, seit er in diesem Büro saß, er war vorerst fassungslos, aber vor allem war er bis ins Mark gekränkt. Was glaubte dieser Kerl eigentlich, ihn anzuschreien wie einen Schulbuben? Was erlaubte der sich mit ihm? Es war ja unerhört, dass ein Vorgesetzter sich in Zeiten, in denen allerorts Seminare für gutes Betriebsklima, zur Burn-out-Prophylaxe und zum fördernden (nicht fordernden, wohlgemerkt) Umgang mit Mitarbeitern angeboten wurden, wirklich erdreistete, ihn anzuschreien!

Nachdem der Chef sein Büro wieder verlassen hatte, schwankte Herr O. kurz zwischen Trauer und Empörung und entschied sich dann für die Empörung: Trauer war seine Sache nicht, die hätte ja ein gewisses Maß an Schicksalsergebenheit vorausgesetzt, und im Grunde seines Herzens war Herr O. nicht schicksalsgläubig, sondern weit mehr davon überzeugt, dass es für alles Negative im Leben einen Schuldigen gab, wenn man nur gründlich genug suchte. Hier brauchte er nicht lange zu suchen, der Schuldige hatte sich gerade als Dinosaurier der Mitarbeiterführung geoutet und ihn auf unvorstellbare Weise gedemütigt. Herr O. packte seine Sachen und verließ das Büro.

Auch Wochen später kehrte er nicht mehr dorthin zurück. Er hatte unmittelbar im Anschluss an die „größte Frechheit, die ihm je widerfahren war", seinen Hausarzt aufgesucht, diesem die Geschichte berichtet und angegeben, dass ihm allein der Gedanke an das Bürogebäude derartige Übelkeit verursache, dass es unzumutbar wäre, zurückzukehren. In Folge hatte er seiner Frau, seinen Kindern und sämtlichen Bekannten die Geschichte in aller Ausführlichkeit erzählt, man teilte allenthalben seine Meinung und verstand natürlich, dass er derzeit unmöglich wieder zur Arbeit gehen konnte. Jedenfalls anfangs verstand man das; als die Wochen ins Land zogen und Herr O. nur noch ein einziges Gesprächsthema hatte, begannen manche, den Kontakt mit ihm zu meiden; falls er sie doch zufällig traf, wirkten sie eher genervt und versuchten, die Begegnung möglichst kurz zu halten. Also auch hier: kein Gefühl für Unrecht, kein Verständnis, keine Empathie (ein wirklich schwerwiegender Vorwurf, wo Empathiemangel aktuell doch zu den verwerflichsten Eigenschaften zählt), er hatte sich in seinen Bekannten und Freunden offensichtlich getäuscht und war direkt froh, in seiner Not nun ihr wahres Gesicht zu erkennen. Die Frau wirkte eher verzagt und startete ein paar Versuche, ihn für andere Themen zu interessieren, ließ das aber angesichts seines offenkundigen Desinteresses auch bald sein und wirkte bei ihren Gesprächen, die sich allesamt um das Thema seines erlittenen Unrechts drehten, eher geistesabwesend.

Nachdem der Hausarzt die Krankschreibung nicht mehr aus eigenem Ermessen verlängern konnte, setzte sich alles auf Chefarzt-Niveau fort und man empfahl ihm dringend die Konsultation eines Psychiaters, genau betrachtet die nächste unglaubliche Frechheit (implizierte diese Empfehlung doch eine Gestörtheit seinerseits, wohingegen – mit Vernunft – klar zu erkennen war, dass er zwar Opfer, aber keineswegs gestört war). Natürlich konnten die Nervenärzte an der

Sache nichts ändern, wie denn auch, das Problem lag ja nicht bei ihm, was er ihnen immer wieder erklärte. Nach längeren fruchtlosen Bemühungen schlug der Chefarzt schließlich die frühzeitige Berentung vor, da ja nicht absehbar war, ob und wann Herr O. je wieder arbeitsfähig sein würde, und aus diesem Grund saß er nun bei der Begutachtung. Herr O. wirkte verhärmt, verbittert, verkniffen und, man konnte es leider kaum anders beschreiben, durch und durch unsympathisch; das Gespräch war kaum zu steuern und drehte sich ausschließlich um das erlittene Unrecht und die Feststellung, dass „die da" gar nicht zu glauben bräuchten, dass er je wieder einen Fuß in sein Büro setzen werde. In seiner Fixierung auf die Schuld der anderen (neben dem Chef hatten sich mittlerweile auch die diversen Ärzte, der Arbeitgeber und frühere Freunde und Bekannte in die Riege der bösartigen Ignoranten eingereiht) war eine gehörige Portion Selbstgerechtigkeit nicht zu übersehen: Es war unmöglich, einen Wechsel der Perspektive auch nur anzudenken oder eigene Anteile des Herrn O. an dem eskalierenden Debakel anzusprechen. Am erstaunlichsten war allerdings seine Antwort auf die Frage, ob er eigentlich wütend sei oder in der Sache je Wut empfunden habe: Herr O. meinte, Wut sei etwas für primitive Menschen wie seinen Chef, ein gebildeter, feinsinniger Mensch wie er werde nicht wütend, sondern fordere nur Gerechtigkeit.

Da es ganz eindeutig unrealistisch war, von Herrn O. noch irgendwann eine vernünftige Arbeitsleistung zu erwarten, erfolgte bald darauf die frühzeitige Berentung, und wenn er inzwischen nicht verstorben ist, sitzt

Herr O. mit Sicherheit auch heute noch verbittert und zutiefst unglücklich in einer Welt, die die Rechtschaffenen bestraft und die Berserker belohnt. Als Wut würde er sein Gefühl natürlich nie bezeichnen.

Michael Kohlhaas, der Verbitterte

Ein weithin bekanntes literarisches Beispiel der chronischen Verbitterung, die schließlich vom Betroffenen gänzlich Besitz ergreift und eher den Untergang der Welt in Kauf nimmt als erlittenes Unrecht zu akzeptieren, ist die Figur des Michael Kohlhaas. In der 1810 veröffentlichten Novelle von Heinrich von Kleist wird der Rosshändler Kohlhaas auf einer Geschäftsreise von der Obrigkeit schikaniert und an seinem Vermögen geschädigt, reicht Klage ein und scheitert. Nach dem Tod seiner Frau startet Kohlhaas einen beispiellosen Rachefeldzug gegen den Verursacher seiner Misere, ist dabei nicht zimperlich beim Inkaufnehmen von Kollateralschäden (mehrere an der ursprünglichen Sache eigentlich unbeteiligte Tote), fackelt im weiteren Verlauf ein paar Städte ab, kann sich nach einer Amnestie des Kurfürsten von Sachsen fast konsolidieren und wird schließlich Opfer einer fehlinterpretierten Botschaft. Er wird verhaftet und erhält nun zwar einen fairen Prozess, der auch mit der ursprünglich von ihm angestrebten Verurteilung des Schikanierers endet, wird aber gleichzeitig selbst wegen seiner seither begangenen Verbrechen zum Tode verurteilt. Noch auf dem Schafott rächt er sich am Kurfürsten, indem er eine für diesen bedeutsame, aber nur ihm bekannte Prophezeiung in den Tod mitnimmt. Kleists

Kohlhaas beruht auf dem historischen Kaufmann Kohlhase, der erlittenes Unrecht mit noch größerem Unrecht ahndete und so seinen eigenen Untergang besiegelte. Zu Kleists Zeiten wurde die Handlung weniger als Persönlichkeitsstudie denn als Sozial- und Rechtsdiskurs wahrgenommen: Darf ein Einzelner den Gesellschaftsvertrag kündigen, wenn diese Gesellschaft ihm sein Recht versagt? Die Dimension der heutigen Verbitterungsauslöser ist deutlich geringer, vor allem beinhaltet dieses Spektrum auch rein schicksalhafte (und daher unverschuldete) Vorkommnisse, was sowohl der historische als auch der Kleist'sche Kohlhaas mit ungläubigem Unverständnis quittiert hätten: Der Ratio der Aufklärung wären das innerliche Anwüten gegen unveränderbare Fakten oder das innere Hochschaukeln banaler Ereignisse wohl in erster Linie als Dummheit erschienen, als unnötige Erschwernis eines jedenfalls kurzen und bestenfalls von größeren Tragödien verschonten Lebens. Erst mit der zunehmenden Sicherheit unserer Zeit ist der Aufwand der gesteigerten Empfindsamkeit leistbar. Es ist ein grandioses Missverständnis affirmativer Selbstinterpretation und so recht ein Beleg ausschließlich egozentrischen Erlebens, wenn punktuelle Kränkung mit radikaler Verdammung, wenn ein singuläres Ereignis mit globaler Verwerfung geahndet wird, aber es ist, wie manches andere auch, ein „Luxus", den wir uns gönnen. Gebahnt wird dieser „Luxus" durch eine Sprachregelung, durch die wir uns in politisch korrekten Euphemismen verlieren, durch die wir unsere ursprünglichen Gefühle mit Worthülsen umkleiden, bis diese Hülsen ihren Inhalt zu zersetzen beginnen und wir gedankenlos angelernte Stehsätze nachplappern, die – im Anfang war das Wort – unseren Blick auf die Welt prägen und verändern. So können wir „etwas nicht annehmen", anstatt unsere Verärgerung zu artikulieren, wir müssen uns „harmonisieren“, anstatt in Auseinandersetzung mit dem anderen Differenzen zu klären, wir üben uns in „Achtsamkeit“ und behüten unsere „Work-Life-Balance“, ein besonders unglücklich gewählter Ausdruck, der vermittelt, dass Arbeiten und Leben Gegensätze seien, die es im Interesse psychischer Gesundheit sorgfältigst zu trennen und auszutarieren gelte.

Wut, Zorn, Ärger: geächtete Emotionen zulassen

Die Resultate sind vielfältig: einerseits die Ächtung all jener Emotionen, die das uns vermeintlich zustehende, allzeit harmonische Leben stören, andererseits eine innere Politik der Null-Toleranz gegenüber all jenen, die diesem Idealbild nicht gerecht werden – und eine Empfindsamkeit, die jedes realistische Maß sprengt und uns glauben lässt, dass eine einzige wütende Reaktion schon eine lebenslange Traumatisierung auslösen könne. Dabei übersehen wir, dass Menschen weit robuster sind, als manche uns das glauben machen wollen, dass noch nie ein Mensch daran verstorben ist, dass er unfreundlich, unhöflich oder gar allzu laut angesprochen wurde und dass es zwar durchaus legitim sein kann, wütend zu werden und sich gegen Übergriffe jeglicher Art verbal abzugrenzen, dass aber nicht jedes Unrecht von weltumspannender Dimension und nachhaltiger Wirkung sein muss, selbst dann nicht, wenn es uns selbst widerfährt. Wir übersehen, dass Menschen mit ganz wenigen Ausnahmen nicht ausschließlich aus geradem, sondern auch aus reichlich krummem Holz geschnitzt sind, dass evolutionär gewachsene Mechanismen wie die

Entstehung der Wut sich nicht per Benimm-Dekret ausmerzen lassen und dass sich (vielleicht mit Ausnahme des Blinddarms) all unsere körperlichen und geistigen Wirklichkeiten im Lauf der Menschheitsgeschichte als sinnvoll oder sogar überlebensnotwendig erwiesen haben. Da wir aber in dieser Entwicklung die Wut, den Zorn, den Ärger nicht, wie die Ganzkörperbehaarung, „verloren" haben, wäre es im wahrsten Sinn des Wortes vernünftig, also ein von der Vernunft diktiertes Vorgehen, auch diesen Emotionen einen Platz einzuräumen, ihre Funktion zu erkennen und sie für unser Fortkommen – im rechten Maß – zu nutzen.

Nachwort

Ich bin oft gefragt worden, wie ich das Böse definieren würde, offenbar in der Annahme, dass ich ihm ja laufend begegne. Lang ist es mir schwer gefallen, darauf eine Antwort zu geben: Das bocksgehörnte, schwefelstinkende Modell hat ausgedient, auch die „Graduierung des Bösen", das definitorische Einteilen in Schweregrade, ist mir immer etwas naiv erschienen, wie ein Versuch, einem nicht Fassbaren mit einem Maßband zu Leibe zu rücken, so, als ob man das Volumen des Pazifik mit einem Esslöffel vermessen wollte. Mittlerweile habe ich für mich eine Definition gefunden, die vieles von dem umfasst, was mir beruflich begegnet, aber auch vieles, das weit weniger offensichtlich dem so genannten Bösen zuzuordnen ist: Das Böse ist für mich die Negation des Lebendigen, ist alles, was Veränderung verhindert. Es behauptet sich, indem es kein anderes zulässt und lieber zerstört als Erneuerung akzeptiert, behindert Menschen in der Entfaltung ihres Potenzials, verhindert Wachstum und bisweilen auch natürlichen Niedergang, hemmt das Werden und zementiert das Sein. Der Eifersüchtige, der seine trennungswillige Frau tötet: Nie mehr wird sie einen anderen finden, er war ihr unumstößlich letzter Partner. Der Rechthaberische, der im Streit einen anderen erschlägt: Nie mehr wird der gegen ihn argumentieren, in dieser Beziehung hat er das letzte Wort. Aber auch das Paar, das sich nicht trennt und sich damit das Leben zur ewig gleichen Hölle macht; der, der einen anderen nachhaltig und überdauernd verletzt: Nie mehr wird der sich ungehemmt entfalten können und über all seine Möglichkeiten verfügen, so wenig wie der, der von einem gewinnmaximierenden Betrieb in die aussichtslose Arbeitslosigkeit getrieben wird oder wie das Kind, dem die Sicherheit und Geborgenheit vorenthalten wird, die es braucht, um ausziehen zu können und die Welt zu erobern.

Die Wut hat viele Funktionen, sie vermittelt klare Grenzen, setzt Warnsignale, befreit von der Spannung, die aus Kränkung entsteht, vermittelt uns selbst präzise Einsichten in unsere Schwachstellen und fordert uns auf zu Veränderung, entweder an uns selbst oder an unseren Lebensumständen, sie fordert und fördert Lebendigkeit. Selbstredend soll dieses Buch nicht der tätlich aggressiven Wut das Wort reden, nicht derjenigen Ausformung der Wut, die eben nachhaltigen Schaden an anderen anrichtet und dadurch selbst Böses gebiert, aber es soll ein Plädoyer sein für die Wahrnehmung der eigenen Emotion, der echten Gestimmtheit, und für die Kommunikation dieser Gestimmtheit in verträglicher, aber klarer und deutlicher Form. Es ist wohl auch eine wesentliche Aufgabe von Erziehung, dem Kind einen angemessenen Umgang mit Wut zu vermitteln, es sollte aber nicht ihre Aufgabe sein, Wut zu dämonisieren, ihr jeden Wert abzusprechen und sie unter die eigene und die fremde Wahrnehmungsschwelle zu drücken. Wut, Zorn – beide können Anlass und Impulsgeber sein für Veränderung und damit Verbesserung, können das Verharren im ewig Gleichen durchbrechen und dadurch neue Potenziale und Perspektiven eröffnen. Sloterdijk bezeichnet die Austreibung des produktiven Zorns aus der Gesellschaft als lähmend, den Zorn hingegen als etwas Positives, etwas Gebendes: Anstatt den anderen zu zerstören oder zu ignorieren, schenken wir ihm unsere Aufmerksamkeit, aber wir schenken auch uns selbst unsere Aufmerksamkeit und die Möglichkeit zu neuen Erfahrungen.

Im Buch Hiob (Hiob 40: 25-32) spricht Gott zum geplagten Hiob und fordert ihn auf, sich zu behaupten: „Auf, gürte deine Lenden wie ein Mann!" Er zeigt ihm das Krokodil, das er geschaffen hat, und fragt ihn: „Kannst du das Krokodil am Angelhaken ziehen, mit der Leine seine Zunge niederdrücken? Legst du ein Binsenseil ihm in die Nase, durchbohrst du mit einem Haken seine Backe? Fleht es dich groß um Gnade an? Richtet es zärtliche Worte an dich? Schließt es einen Pakt mit dir, sodass du es dauernd nehmen kannst zum Knecht? Kannst du mit ihm wie mit einem Vogel spielen, bindest du es für deine Mädchen an? Feilschen darum die Jagdgenossen, verteilen sie es stückweise unter die Händler? Kannst du seine Haut mit Spießen spicken, mit einer Fischharpune seinen Kopf? Leg nur einmal deine Hand daran! Denk an den Kampf! Du tust es nie mehr."

Das Krokodil kommt hier eindeutig besser weg als der untertänige, duldsame Hiob, es tut nichts Unrechtes, aber auch nichts Verlogenes, Falsches: Es vermittelt Grenzen und schützt dadurch sich selbst, auf dass es nicht Spielzeug werde, Knecht oder Beute. Im besten Fall ist die Wut ein uns dienliches Krokodil, das wir gut behandeln sollten, um uns lange seiner treuen Dienste zu versichern, im schlechtesten eines, das sich mangels Aufmerksamkeit und Zuwendung so oder so unser bemächtigt oder eines, das wir zu lang heimlich in uns genährt haben und nun auf andere loslassen müssen, um selbst in Sicherheit zu sein.

Wut, sich selbst und anderen gegenüber verantwortlich gelebt, ist Zeichen der Lebendigkeit, ist Wille zum Leben mit all seinen nicht immer erfreulichen Facetten, ihre Abwesenheit grabesähnliche Ruhe, stoische Gleichgültigkeit oder ignorante Indifferenz.

Ganz zuletzt, in jedem Sinn des Worts, ist Wut auch eine legitime, wenngleich vielleicht nicht die finale Methode, mit der unfassbaren Endlichkeit des Lebens zurande zu kommen, sich noch einmal wirklich lebendig zu fühlen, kraftvoll und eigensinnig, stark und einzigartig, wie Dylan Thomas das 1951 sanft und stark für seinen sterbenden Vater formulierte:

Do not go gentle into that good night,
rage, rage against the dying of the light.

Literatur

Badura B., Weber K. (2013), *Ira – Wut und Zorn in Kultur und Literatur*. Gießen: Psychosozial-Verlag.

Bakewell S. (2012), *Wie soll ich leben? oder Das Leben Montaignes in einer Frage und zwanzig Antworten*. München: C. H. Beck Verlag.

Dilling H., Mombour W., Schmidt M. H. (2000), *Internationale Klassifikation psychischer Störungen. ICD-10, Kapitel V: Klinisch-diagnostische Leitlinien*, 4., korrigierte und ergänzte Auflage, Göttingen–Toronto–Seattle: Hans Huber.

Eysenck, H. J. (1970), *The structure of human personality*. London: Methuen.

Kluge (2002), *Etymologisches Wörterbuch der deutschen Sprache*. Berlin–New York: Walter de Gruyter.

Lempp R., Schütze G., Köhnken G. (1999, 2003), *Forensische Psychiatrie und Psychologie des Kindes- und Jugendalters*. Darmstadt: Steinkopff Verlag.

Marneros A. (2007), *Affekttaten und Impulstaten*. Stuttgart–New York: Schattauer.

Müller, J. F. (2002), *Schuld und Unschuldswahn*, in: Lebendige Seelsorge 53 (2/2002), 102–109.

Ortner H. (Hg.) (2012), *Der Zorn. Eine Hommage*, Springe: Verlag zu Klampen.

Riemann F. (1961, 2007), *Grundformen der Angst. Eine tiefenpsychologische Studie*, München: Ernst Reinhardt Verlag.

Safsky, W. (2009), *Das Buch der Laster.* München: C. H. Beck Verlag.

Salzmann, C. G. (1806), *Ameisenbüchlein*, Leipzig: Reclam [1920].

Schott H., Tölle R. (2006), *Geschichte der Psychiatrie. Krankheitslehren, Irrwege, Behandlungsformen*, München: C. H. Beck Verlag.

Seneca L. (2007), *De ira. Über die Wut*, Stuttgart: Philipp Reclam jun.

Stilett H. (2008), *Von der Lust, auf dieser Erde zu leben. Wanderungen durch Montaignes Welten*, Frankfurt am Main: Eichborn Verlag.